Hope MacDonald
ENGEL IN AKTION

Hope MacDonald

ENGEL
IN
AKTION

Verlag C. M. Fliß
Lütt Kollau 17 · D-2000 Hamburg 61

1. Auflage 1983
2. Auflage 1987
3. Auflage 1989

Übersetzung: Leslie Richford, Zeven
Umschlag: Litera, Wiesbaden
Gesamtherstellung: Schönbach-Druck GmbH, Erzhausen

ISBN 3-922349-11-0

Für meine Enkelkinder,
meine irdischen Engel:

Breelyn Rose MacDonald
Scott Benjamin MacDonald Gronholz
Megan Cherie MacDonald
Shane Matthew MacDonald Gronholz
Jenny Kathleen MacDonald

Vorwort

Meinem Ehemann Harry MacDonald möchte ich herzlich
danken für die ständige Ermutigung und seine treuen Gebete
während der Zeit, in der ich dieses Buch verfaßte. Ebenfalls
möchte ich der Gebetsfamilie der evangelisch-reformierten
John-Knox-Gemeinde in Seattle für ihre Gebete und liebe-
volle Unterstützung danken. Es wäre für mich undenkbar, ein Buch zu schreiben,
wenn nicht eine kleine Gruppe vertrauter, betender Freun-
dinnen dahinter stünde. Die folgenden Frauen beteten so lange in Treue für mich, bis das Buch fertig war. Die Inspiration
und Hilfe, die ich von ihnen empfangen durfte, haben sehr
viel zu diesem Buch beigetragen.

Denise Adler	Pat Kelly
Mildred Burt	Helen Leonard
Barbara Diamond	Margaret Logan
Eva Engholm	Marilyn Mead
Jean Griffin	Beverly Miller
Madalene Harris	Jane Short

Insbesondere möchte ich von Herzen all den Hunderten von
Menschen danken, die sich bereitwillig die Zeit nahmen, mir
ihre Engelbegegnungen zu schildern. Ohne sie könnte es das
Buch ENGEL IN AKTION nicht geben.

Inhaltsverzeichnis

Erster Teil

ÜBER ENGEL

Über Engel

Ich wurde zum erstenmal mit der Wirklichkeit der Engelwelt konfrontiert, als ich vier Jahre alt war. Damals war meine Schwester Marilyn acht Jahre alt, und an jenem Tag hatten meine Eltern sie wie üblich mit dem Auto zur Schule gefahren. Eine Stunde später schaute ich zu, wie sie sie wieder ins Haus hereintrugen, nur war sie diesmal blutüberströmt und hatte Prellungen am ganzen Körper. Sie legten sie auf die Couch, bis der Arzt kam. Als Marilyn an jenem Morgen versucht hatte, in der Nähe der Schule die Straße zu überqueren, war sie direkt vor ein aus der anderen Richtung kommendes Auto gelaufen und sechs Meter hoch in die Luft geschleudert worden. Als sie dann auf dem Gehweg aufschlug, mußten meine Eltern hilflos zusehen, wie sie mit voller Geschwindigkeit auf einen großen, offenen Kanalisationsschacht zurollte. Doch anstatt hineinzufallen, wie es alle erwartet hatten, blieb sie genau am Rande liegen. Später erzählten meine Eltern dem Arzt die Geschichte. Sie schüttelten alle erstaunt mit dem Kopf. Wie war es möglich, daß Marilyn so plötzlich und genau am Rande des Schachtes liegenblieb, da sie doch so schnell in die Richtung gerollt war? Plötzlich aber meldete sich meine Schwester von der Couch und sagte mit einer Stimme, die Überraschung verriet: „Habt ihr denn den riesigen, schönen Engel nicht gesehen, der im

Schacht stand und seine Hände hochhielt, damit ich nicht hineinfiel?"

Jene Begebenheit aus meiner Kindheit habe ich nicht vergessen, obwohl sie sich vor so langer Zeit abspielte. Vor drei Jahren aber entschloß ich mich, über gerade dieses Thema einige Nachforschungen anzustellen. Überall, wo ich hinkam, fing ich an, die Menschen zu fragen, ob sie jemals einen Engel gesehen hätten.

Nicht lange danach wurde mir die erste meiner Geschichten berichtet, und zwar als mein Mann und ich zusammen mit einigen Freunden in Washington D.C. zu Abend aßen. Ich fragte, ob jemandem unter den Anwesenden ein Engel begegnet sei. Zwar verneinten sie alle, doch ergab sich aus der Frage ein sehr interessantes Gespräch (was bei dieser Frage immer der Fall ist!). Als uns der Nachtisch gereicht wurde, sagte Bob, der mir direkt gegenübersaß: „Ja, Hope, ich kenne eine Begebenheit mit Engeln."

Das war der Anfang. In den letzten drei Jahren habe ich immer gefragt, wo immer ich hinkam und wann immer ich einen Vortrag hielt, ob jemandem ein Engel begegnet sei. Es überraschte mich, daß in jeder Gruppe, ob sie aus tausend oder nur fünf Menschen bestand, jemand dabei war, der mir eine Geschichte erzählen konnte. Oft fingen diese Geschichten so an: „Wahrscheinlich suchen Sie eine andere Art von Geschichte, aber..." Und dann wurde die Geschichte erzählt. Die meisten dieser Geschichten wiesen drei gemeinsame Faktoren auf: Die betreffende Person hatte sie noch nie einem anderen mitgeteilt; das Erlebnis hatte auf das Leben der Beteiligten eine eindeutige Auswirkung; alle Erzähler waren für die Gelegenheit dankbar, ihre Engelbegegnung weiterzugeben.

Die in diesem Buch gesammelten Geschichten wurden aus den Hunderten ausgewählt, die ich während der letzten drei Jahre von Menschen aus allen gesellschaftlichen Geschichten und Berufssparten erfahren durfte. Einige dieser Menschen sind Vorsitzende großer Betriebe; andere Erlebnisse erfuhr ich von Zahnärzten, Pastoren, Missionaren, Hausfrauen, Studenten und anderen Menschen, die einem Beruf nachgehen. Es waren alles intelligente, gut ausgebildete Leute. Ich bin überzeugt, daß es sich bei diesen Geschichten um wahre Erlebnisse aus dem Leben dieser Menschen handelt. Während Sie davon lesen, wie Gott ihnen diente und ihnen seine Engel sandte, werden Sie bestimmt Kraft und Mut daraus schöpfen, wie auch ich es tun durfte.

Neben den Interviews machte ich es mir zur Pflicht, alle Bücher über Engel zu lesen, die irgendwie greifbar waren. Aber stellen Sie sich vor, wie überrascht ich war, als ich eine der besten Chicagoer Buchhandlungen aufsuchte und entdecken mußte, daß dort nur zwei Bücher zu diesem Thema auf Lager waren! Das gleiche passierte mir bei Besuchen in weiteren Buchhandlungen. Nach einer gründlichen Suche nach Büchern über Engel brachte ich es auf acht Titel.

Und doch entdeckte ich bei meiner Suche Hunderte von Büchern über den Teufel, über Dämonen, über schwarze Magie und über den Okkultismus. Die Buchhandlungen hatten ganze Regale voll solcher Lektüre. Ich war sehr überrascht darüber, daß man so viel über den Teufel und sein Reich, zugleich aber so wenig über die Engel Gottes schreiben konnte.

Das gleiche Phänomen war überall auf der Welt anzutreffen. Im letzten Sommer waren mein Mann und ich in Schottland. Dort besuchten wir eine der größten Buchhandlungen. Wir fanden ein Regal nach dem anderen mit Büchern über den Teufel und den Okkultismus, doch konnten sie uns in diesem Geschäft kein einziges Buch über Engel anbieten.

In den Kinos und im Fernsehen beschäftigt man sich in unserer Zeit allzuoft mit Geschichten über dämonische Besessenheit. Heimtückisch haben die Rockmusiker angefangen, sich des gleichen Themas zu bemächtigen. Unlängst hieß einer der am meisten verkauften Schlager: „Sympathy for the Devil" („Mitleid mit dem Teufel").

Wie konnte eine solch krankhafte Neugier in Sachen

Okkultismus überhaupt entstehen? Nach neuesten Schätzungen soll es allein in den Vereinigten Staaten mehr als 250 000 Hexen geben. Einige Universitäten bieten inzwischen sogar Lehrgänge über schwarze Magie an. Als ich noch zur Schule ging, betete man das goldene Kalb der Wissenschaft an. Uns brachte man bei, nur an das zu glauben, was wir sehen und womöglich noch sezieren konnten. Woher stammt denn dieses makabre Interesse an okkulten Dingen?

Meines Erachtens ist der Weg für die heutige weite Verbreitung des Okkultismus durch die sogenannte „Drogenkultur" gebahnt worden, die in den 60er Jahren in unserem Land entstand. Unmöglich hätte der Übergang von den sorgenfreien 50er Jahren zum sinnlosen Wahn des Okkultismus der 70er Jahre stattfinden können, wenn nicht erst die satanische Rauschgiftwelle über unsere Gesellschaft hereingebrochen wäre. Und wenn, wie viele Theologen glauben, die Wiederkunft Jesu Christi nahe bevorsteht und der Antichrist möglicherweise schon geboren ist, wäre das eine hinreichende Erklärung für die zunehmende Macht des Bösen in unserer Welt.

Die zunehmende Beliebtheit des Okkulten hat unsere Augen für die große biblische Wahrheit, nämlich die Wirklichkeit der Engelwelt, verschlossen. Kaum jemand erwähnt heute Engel. Es wird nur selten darüber eine Predigt gehalten oder ein Buch geschrieben. Engel werden meist nur im Zusammenhang mit Spott über das Mittelalter erwähnt, da sich zu jener Zeit die Gelehrten z. B. mit der Frage beschäftigten, wie viele Engel auf einmal auf einer Nadelspitze tanzen könnten! Mohammed sagte, ein Engel begleite jeden Regentropfen. Wer heute an Engel denkt, stellt sich meistens Feen, Elfen, Kobolde oder Gnomen vor. Oder die Engel werden als eine Art Hofnarren dargestellt, die den Menschen ab und zu einen Streich spielen.

Wir müssen unseren Blick vom Teufel abwenden und unser Augenmerk wieder auf den großen, übernatürlichen Gott der Bibel richten. Gottes Engel sind auch heute als seine dienenden Geister in dieser Welt unterwegs. Sie wirken auf das Leben der Gläubigen ein. In seinem Buch über Engel schreibt Billy Graham: „Die Engel nehmen in der Bibel einen viel wichtigeren Platz ein als der Teufel und seine Dämonen"[1]. In der Bibel werden die Engel tatsächlich viel öfter als der Teufel erwähnt. Engel kommen in der Heiligen Schrift mehr als 300mal vor. Immer wieder lesen wir dort von dramatischen Engelerscheinungen und von Befreiungen, die durch Engel bewirkt wurden. Die Bibel lehrt, daß die Engel zu unseren Gunsten eingreifen. Gott benutzt Engel, um den Verlauf der Geschichte zu beeinflussen. Das tat er beispielsweise, als er die Plagen über Ägypten sandte. Und in 1. Mose 19 lesen wir, wie die Städte Sodom und Gomorra von Engeln zerstört wurden, die Gott zu diesem Zweck ausgesandt hatte. Und das Leben von vielen unter uns ist verändert worden, meistens ohne unser Wissen, weil Engel in einer besonderen Weise ausgesandt wurden und Gott verherrlichten, indem sie uns dienten.

ENGEL SIND BIBLISCH

Wir glauben an heutige Engelerscheinungen, weil die Bibel ausdrücklich die Existenz von Engeln lehrt. Sie zählt eine Geschichte nach der anderen auf, in denen außerordentliche, übernatürliche Ereignisse geschildert werden. In diesen Berichten über Erscheinungen von Engeln muß jedes Wort für sich beachtet werden.

Was tun denn die Engel? Wie sehen sie aus? Als ich mich neulich mit einer Bekannten unterhielt, die drei heranwachsende Söhne hat, sagte diese mit einem Lächeln: „Vor einigen Jahren meinten wir, drei Engel zur Welt gebracht zu haben. Inzwischen sind wir eines Besseren belehrt worden!" Die

---

1 Billy Graham, Engel — Gottes Geheimagenten, Neuhausen 1976, S. 7

Bibel beschreibt uns die Engel nicht in allen Einzelheiten. Sie lehrt uns nur, daß sie existieren. Nur können wir manchmal nicht umhin, uns zu fragen, wie sie wohl aussehen mögen. Als ich die vielen Begebenheiten mit Engeln, die ich gesammelt hatte, durchblätterte, fiel mir auf, daß das äußere Erscheinen der Engel kaum einmal beschrieben wurde. Anscheinend war das für die Menschen, die diese Geschichten erzählten, nicht besonders wichtig. Dann erinnerte ich mich daran, daß mein Mann Harry und ich vor vielen Jahren auch einmal einen Engel sahen; doch hatten auch wir nie versucht, das äußere Erscheinungsbild dieses Engels in Worte zu fassen.

Unsere eigene Begegnung mit einem Engel kam so. Wir waren verlobt und hatten geplant, im kommenden Sommer zu heiraten. Harry studierte an einem theologischen Seminar, das mehrere hundert Kilometer von meinem Wohnort entfernt war. Während der Frühjahrsferien fuhr ich einmal für eine Woche zu ihm zu Besuch. Als ich dort war, übernachtete ich bei einer Bekannten von Harry, die vollamtlich für Gott arbeitete. Diese Bekannte war eine dynamische und sehr fromme Person, die von allen sehr geachtet wurde. Doch haben wir uns irgendwie nicht so besonders verstanden. Ich war damals noch sehr schüchtern, und es fiel mir recht schwer, mich mit ihr über wichtige Themen zu unterhalten. Einen Tag vor meiner Heimreise setzte sich diese Frau mit Harry zusammen und sagte ihm, er solle sich doch ernstlich überlegen, ob ich die richtige Frau für ihn sei. Ihrer Meinung nach war ich zu still und zu unreif und deshalb würde ich in seinem geistlichen Dienst eventuell eine Belastung darstellen. Da Harry diese Bekannte sehr respektierte, war er von diesen Worten zutiefst betroffen.

An jenem Abend aßen Harry und ich in einem Restaurant zusammen mit Beverly, einer Schulfreundin, die ich seit mehreren Jahren nicht mehr gesehen hatte. Beverly und ich wurden sehr lustig, während wir uns gemeinsam an alte Freunde und Erlebnisse erinnerten. Wir müssen wohl während der ganzen Mahlzeit gelacht haben. Nach dem Essen gingen wir dann zur Kegelbahn. Das erwies sich jedoch als wahre Katastrophe, denn Harry ist ein hervorragender Kegler; Beverly und ich hingegen warfen die meisten Kugeln in die Rille neben der Bahn! Und jedesmal, wenn wir wieder einmal daneben geraten waren, mußten wir schallend lachen. Dort stand dann Harry und schaute mich im Lichte dessen an, was ihm erst an jenem Morgen mitgeteilt worden war. Er konnte am ganzen Abend nichts Spaßiges finden. Als wir am Hause ankamen, wo ich übernachtete, hatte ich erkannt, daß ihn etwas zutiefst beunruhigte. Er kehrte in sein kleines Mansardenzimmer zurück und verbrachte eine schlaflose Nacht im Gebet. Er wußte um den Ruf Gottes zum geistlichen Dienst und legte sehr viel Wert darauf, die richtige Frau zur Lebenspartnerin zu bekommen. War ich wirklich die für ihn Bestimmte? Ob ich nicht doch zu schüchtern war? Zu unreif?

Am letzten Tag unseres Zusammenseins aßen wir im Freien, in einer der schönen Parkanlagen nahe beim Seminar. Die Luft war voll mit den Sonnenstrahlen eines Sommermorgens, in den Gärten leuchteten farbenprächtige Blumen in allen Regenbogenfarben. Aber auf unseren Tag schien ein dunkler Schatten gefallen zu sein. Ich wußte, daß etwas nicht stimmte. Nachdem wir die Mahlzeit beendet hatten, fing er an, mir seine sorgenvollen Gedanken mitzuteilen. Wir verbrachten einen Großteil des Nachmittags damit, im Park hin und her zu spazieren und uns über die neu entstandenen Probleme in unserer Beziehung zu unterhalten. Schließlich meinte ich, es wäre der einzige faire Weg, ihm den Verlobungsring zurückzugeben, bis er mehr Zeit gehabt hätte, das Ganze zu durchdenken. Ich hätte im Traum nicht gedacht, daß er den Ring tatsächlich zurücknehmen würde, doch er tat es. Als er ihn in die Tasche steckte, wurde es mir kalt und schwer ums Herz. Ich wußte: Wenn ich jetzt in den Bus steigen und nach Hause fahren würde, wäre es aus mit uns.

Irgendwie brachten wir das Abendbrot hinter uns, das seine Wirtin für uns zubereitet hatte. Kurz bevor er mich zum Busbahnhof bringen mußte, sagte er: „Laß uns doch noch einmal zusammen darüber beten." Wir gingen nach oben in das kalte Mansardenzimmer, wo er wohnte. Er kniete sich an der einen Seite des Bettes hin, ich auf der anderen. Mit traurigen, betrübten Herzen fingen wir an zu beten. Und während wir beteten, erfüllte sich das Zimmer mit einer majestätischen Gegenwart und einer Energie, die so stark war, daß wir sie beide fühlten. Harry hielt mitten im Gebet inne, und wir schauten beide zur offenen Tür. Dort sahen wir eine herrliche, glänzende Gestalt stehen. Uns überfiel eine innere Stille, die uns mit Lobpreis und Herrlichkeit erfüllte. Die Gestalt bewegte sich langsam durch das Zimmer und blieb mit ausgestreckten Armen am Ende des Bettes stehen. Wir spürten, wie wir sanft mit dem Segen Gottes wie mit einem Hauch warmen Sonnenscheins angerührt wurden. Es war, als wäre das Zimmer von einem weichen Glanz, von liebevollem Licht durchdrungen. Von dieser Gegenwart ging ein Gefühl großer Zärtlichkeit aus. Wir hörten keine Stimme, doch erhielten wir beide die unverkennbare Mitteilung, daß Gott uns zusammen haben wollte. Es waren keine Worte nötig. Diese Botschaft verstanden wir auch so. Und dann war mit einem Male die Gestalt weg; in unseren Herzen aber war eine Wärme und ein tiefer Frieden, der nie von uns gewichen ist, obwohl das alles vor 34 Jahren passierte.

Aber wie sah der Engel aus? — Ich weiß es nicht. Wir waren uns nur der Gegenwart des Ewigen, eines perlenweißen, prächtigen Glanzes, bewußt. Und obwohl wir keine Stimme hörten, teilte uns dieses Licht die Botschaft mit, daß Gottes segnende Hand über unserem gemeinsamen Leben war. Weder Harry noch ich haben jemals dieses Ereignis im Mansardenzimmer bezweifelt, obwohl es vor so langer Zeit geschah. Wir stellten uns nie die Frage, ob wir wirklich einen Engel gesehen hätten oder ob die Gestalt echt war. Wir wußten in unseren Herzen, daß alles wirklich geschehen war.

WAS SIND ENGEL? WIE SIND SIE?

Engel sind geschaffene Wesen. Sie existieren nicht seit Ewigkeit her (Kolosser 1, 16). Sie sind würdevolle, majestätische Wesen, die wir ernst nehmen müssen. Sie sind Gott allein verantwortlich, und sie unterstehen der unmittelbaren Befehlsgewalt Gottes. Engel sind Geistwesen, die normalerweise mit dem menschlichen Auge nicht gesehen werden können. Wenn sie jedoch gesehen werden, so machen sie wegen ihrer Schönheit oft einen tiefen Eindruck. Engel sind Persönlichkeiten, die Gott vertreten. Aber sie können nicht überall zugleich sein. Sie sind nicht allgegenwärtig. Das ist allein Gott.

Nach der Geschichte vom Sündenfall lesen wir, daß Gott einen Engel an den Eingang zum Garten Eden stellte, damit Adam und Eva nicht zurückkehrten. Engel haben schon immer eine bedeutende Stellung in Gottes Universum eingenommen; sie haben hier auf Erden wichtige Aufgaben.

In der Offenbarung werden sie uns als Wesen beschrieben, die mit weißen Gewändern und einem goldenen Gürtel bekleidet sind. Von einem anderen Engel heißt es: „Er war von einer Wolke umhüllt, und der Regenbogen stand über seinem Haupt" (Offenbarung 10, 1). Pater Lamy (1853—1931), ein einfacher französischer Priester, beschreibt die Engel folgendermaßen:

„Ihre Gewänder sind weiß, doch ist dieses Weiß überirdisch. Ich kann es nicht beschreiben, denn es kann mit irdischem Weiß nicht verglichen werden; dieses Weiß erscheint dem Auge viel weicher. Diese hellen Engel sind von einem Licht umstrahlt, das sich so sehr von dem unsrigen unterscheidet, daß im Vergleich alles andere dunkel zu sein scheint. Wenn man eine Fünfzigertruppe (von Engeln) sieht, wird man in Erstaunen versetzt. Es ist, als wären sie mit goldenen Tellern bekleidet, die sich wie viele Sonnen stets bewegen."

Sehr oft nehmen Engel die physische Gestalt eines Menschen an und werden darum auch manches Mal für Menschen gehalten. „Vergeßt die Gastfreundschaft nicht; denn durch sie haben einige, ohne es zu wissen, Engel beherbergt" (Hebräer 13, 2).

Ich habe mich oft gefragt, ob das kleine Mädchen und ihre Mutter, die einmal an einem heißen Sommertag in Brasilien an meiner Tür erschienen und bettelten, in Wirklichkeit Engel waren. Es war ein derart seltsames Erlebnis. Ich erinnere mich, wie ich an unserem Eßtisch in Sao Paulo saß und den monatlichen Gebetsbrief verfaßte, den wir nach Amerika an die Menschen schickten, die unsere Arbeit unterstützten. Ich war tief in Gedanken versunken, als ich vor der Tür ein lautes Händeklatschen hörte. In Brasilien haben die meisten Häuser keine Klingel, darum machen die Menschen in dieser Weise auf sich aufmerksam. Ich seufzte verärgert, ging aber an die Tür. Dort stand ein etwa zwölfjähriges Mädchen mit ihrer Mutter. Beide waren sehr schmutzig und nur mit Fetzen bekleidet, ihre Körper mit eiternden Geschwüren bedeckt. Sie baten um ein Glas Wasser. In all den Jahren, die wir in Brasilien als Missionare dienten, hatte ich nie einen Bettler von der Tür weggeschickt. Doch war ich jetzt ungeduldig, weil ich meinen Rundbrief fertig schreiben wollte. Da ich meinte, ihnen könne genausogut eine Nachbarin ein Glas Wasser reichen, schickte ich sie fort. Kaum hatte ich mich aber wieder an den Tisch gesetzt, um weiter zu schreiben, als in meinem Inneren ganz laut und deutlich ein Gedanke zu mir kam: „Du hast eben zwei Engel fortgeschickt!" Ich sprang vom Stuhl auf, lief zur Tür hinaus und nach draußen und rief ihnen nach; aber sie waren weg. Ich lief auf die staubige Straße und sah verzweifelt auf und ab. Aber die Straße war leer. Wie konnte das sein? In den wenigen Sekunden hätten sie nicht einmal bis zum nächsten Haus gehen können. Und doch waren sie nun verschwunden, so daß ich mit dem schrecklichen Gefühl dastand, etwas sehr Wertvolles verloren zu haben. Waren sie vielleicht Engel, die zu mir geschickt wurden, um mir eine Lektion beizubringen, die ich nie vergessen sollte? War es wirklich wichtiger, einen Rundbrief zu verfassen, als ein Glas kaltes Wasses im Namen Jesu zu reichen?

WAS ENGEL TUN

In diesem Buch wollen wir uns nicht so sehr mit der Existenz oder dem Aussehen der Engel beschäftigen, sondern vielmehr mit dem, was die Engel *tun.* Wie handelten sie in biblischer Zeit und wie dienen sie uns heute?

Das Wort „Engel" bedeutet: „Bote." Als Gottes Boten arbeiten sie hinter der Bühne im Drama des Weltgeschehens. Sie sind Agenten Gottes, die sein Programm für diese Welt veranstalten. Sie führen seine Gerichte aus und überbringen seinen Segen an die Menschen. In der Bibel werden Engel nie mit irgendwelchen vagen, mystischen Ausdrücken beschrieben. Sie sind echt und haben eine echte Aufgabe. „Lobt den Herrn, ihr seine Engel, ihr starken Helden, die seine Befehle vollstrecken, seinen Worten gehorsam!" (Psalm 103, 20). Es ist höchstes Ziel der Engel, Gott zu dienen, ihn anzubeten und ihn zu preisen. „Lobt ihn, all seine Engel, lobt ihn, all seine Scharen" (Psalm 148, 2). „Alle Engel Gottes sollen sich vor ihm niederwerfen" (Hebräer 1, 6).

Die Engel beschützten Jesus, als er noch ein Kind war. Sie stärkten ihn in der Stunde der Versuchung. Sie dienten ihm im Garten Gethsemane, und Tausende von ihnen waren bereit, ihn vor denen zu retten, die ihn kreuzigten (Matthäus 26, 53). Die Engel waren es, die den Stein vor dem Eingang des Grabes im Garten wegwälzten und die Auferstehung verkündigten. Sie saßen im leeren Grab und stellten eine Frage, die bis in die heutige Zeit hineinhallt: „Was sucht ihr den Lebenden bei den Toten? Er ist nicht hier, sondern er ist auferstanden" (Lukas 24, 5—6). Von jenem Augenblick an sollte die Geschichte nie wieder so sein wie vorher.

Die Engel, die in jener von den Sternen beleuchteten Nacht die Geburt Jesu vor den Hirten zu Bethlehem verkündigten, kündigten auch seine Wiederkunft an. Die Jünger schauten Jesus bei seiner Himmelfahrt wehmütig nach, als plötzlich zwei in Weiß gekleidete Männer neben ihnen standen: „Ihr Männer von Galiläa, was steht ihr da und schaut zum Himmel empor? Dieser Jesus, der von euch ging und in den Himmel aufgenommen wurde, wird ebenso wiederkommen, wie ihr ihn habt zum Himmel hingehen sehen" (Apostelgeschichte 1, 11). Die Engel werden Jesus begleiten, wenn er in Macht und Herrlichkeit zum zweiten Male auf die Erde kommt. „Wenn der Menschensohn in seiner Herrlichkeit kommt und alle Engel mit ihm, dann wird er sich auf den Thron seiner Herrlichkeit setzen" (Matthäus 25, 31). Die Engel werden Gottes Kinder von allen Enden der Erde zusammenführen: „Er wird seine Engel unter lautem Posaunenschall aussenden, und sie werden die von ihm Auserwählten aus allen vier Windrichtungen zusammenführen, von einem Ende des Himmels bis zum andern" (Matthäus 24, 31). Und die großartigen, mächtigen Engelheerscharen werden sich um den Thron sammeln, um zu singen: „Würdig ist das Lamm, das geschlachtet wurde, Macht zu empfangen, Reichtum und Weisheit, Kraft und Ehre, Herrlichkeit und Lob" (Offenbarung 5, 12).

Aus wie vielen Engeln bestehen die himmlischen Heerscharen? Das wissen wir nicht genau, und eigentlich ist es auch nicht so wichtig. Wir wissen jedoch, daß Jesus bei seiner Verhaftung dem Petrus sagte, er könne zwölf Legionen Engel herbeirufen, um ihn zu befreien (Matthäus 26, 53). Damals bestand eine Legion aus rund 6000 Soldaten; zwölf Legionen wären also 72 000 Engel. Daniel sagt uns von zehntausend mal zehntausend Engeln. In der Offenbarung lesen wir von Tausenden und aber Tausenden von Engeln.

Wir wissen, daß sie Gottes Vertreter sind. Sie sind Boten, die Gott in unzähligen Situationen zum Dienst an den Menschen einsetzt. Sie beschützen uns immer wieder, auch wenn wir es meistens nicht merken. Keiner von uns kann auch nur ahnen, wie oft ein Engel in sein Leben eingegriffen hat, um ihn zu bewahren. Wenn wir eines Tages in den Himmel kommen und unsere Erdentage überschauen können, werden wir, glaube ich, überrascht sein, wenn wir erkennen, wie oft Gott seine Engel aussandte, um uns vor Schäden und Gefahren zu bewahren. Wie oft wurden wir schon ohne unser Wissen durch ihren sanftmütigen Dienst getröstet. Die meisten von uns werden wohl hier auf Erden nie einen Engel sehen, aber die Spuren ihrer Fürsorge und ihres Schutzes erkennen wir deutlich genug.

Als unser Schwiegersohn Marc Gronholz 17 Jahre alt war, wurde er eines Tages, während er auf dem Fahrrad zur Arbeit fuhr, von einem mit überhöhter Geschwindigkeit fahrenden Kombi erfaßt. Als Marc fiel, rollte er vor das Hinterrad des Wagens, der über seinen Rücken fuhr und die Fahrt fortsetzte. Ein Fußgänger, der zufällig vorbeiging, blieb stehen und wollte Marc helfen. Daß ihm aber nichts passiert war, damit hatte er nicht gerechnet! Nach einem kurzen Besuch im Krankenhaus, wo die Röntgenaufnahmen bewiesen, daß er keinen Knochenbruch erlitten hatte, fuhr Marc unbehelligt zu seinem Arbeitsplatz. Dabei waren die schwarzen Reifenspuren hinten an seinem Hemd deutlich zu sehen! Sicherlich war er von seinem Schutzengel bewahrt worden.

„Denn er befiehlt seinen Engeln, dich zu behüten auf allen deinen Wegen. Sie tragen dich auf ihren Händen, damit dein Fuß nicht an einen Stein stößt" (Psalm 91, 11—12).

Als ich 13 Jahre alt war, freute ich mich stets auf den Samstagabend. Dann nahm ich immer meine sorgfältig bewachten 15 Cent und kaufte mir eine kleine Tüte mit Kartoffelchips und eine Flasche Pepsi-Cola. Später ließ ich die Badewanne vollaufen, so daß oben darauf die Seifenblasen wie Berge aussahen. Dann schaltete ich mein Lieblingsprogramm im Radio ein, die „Schlagerparade", und ließ mich mit meinen kostbaren Chips in der Wanne nieder, um mich eine ganze Stunde lang im Wasser zu aalen. Als ich aber an einem bestimmten Samstag meine Kartoffelchips knabberte, wurde mein Lieblingslied im Radio gespielt. Damit ich es besser hörte, langte ich zum Stuhl, auf dem das Radio stand, hinüber und berührte den Einstellknopf. Sofort wurde das Badezimmer mit einem zischenden, kobaltblauen Licht erfüllt. Aus dem Gerät kamen zickzackförmige Blitzstrahlen, so daß meine Hand am Schalter haftete. Irgendwie konnte ich trotz des durch die Luft zischenden Stromes die Hand losziehen. Eine ganze Weile danach zitterte ich am ganzen Körper, mein Arm tat mehrere Wochen lang weh. Seither las ich mehrmals in Zeitungen, daß Menschen in der Badewanne umgekommen sind, weil sie versuchten, ihr Radio einzustellen. An jenem Abend sah ich zwar keinen Engel, doch glaube ich, daß einer eigens ausgesandt wurde, um mich vor dem Strom zu retten.

Gott schützt uns oft in ganz eigener Weise durch seine Engel. ,,Mein Gott hat seinen Engel gesandt und den Rachen der Löwen verschlossen. Sie taten mir nichts zuleide'' (Daniel 6, 23). Die Engel beschützen und befreien das Volk Gottes. Sie wachen über unseren Körper und führen uns auf rechter Straße. Sie öffnen uns die Augen für plötzliche Gefahren und helfen uns, wenn wir physisch schwach sind. Sie machen uns Mut und dienen uns, wenn wir verfolgt und bedrängt sind. Sie taten für Petrus die Gefängnistüren auf, sie führten Philippus in einen neuen Dienst, und sie gaben Kornelius ganz besondere Anweisungen (Apostelgeschichte 12, 5—11; 8, 26; 10, 1—7).

Wenn wir aus freien Stücken Jesus als unseren Herrn und Heiland annehmen, empfangen wir gleichzeitig den treuen Schutz und die Fürsorge der Engel. ,,Sind sie nicht alle nur dienende Geister, ausgesandt, um denen zu helfen, die das Heil erben sollen?'' (Hebräer 1, 14). Wir können es nicht hundertprozentig wissen, aber es ist möglich, daß Gott für jeden Christen einen besonderen Engel beauftragt hat, ihn zu bewachen und zu beschützen. Der Liederdichter Charles Wesley schrieb einmal:

Wohin wir gehen,
Engel bewachen jeden Schritt,
verteid'gen uns, bewahren
und gehen ständig mit.

Obwohl Gott seine Engel aussendet, um uns auf verschiedene Weise zu beschützen, müssen wir sorgfältig zwischen dem Dienst der Engel und dem Werk des Heiligen Geistes in unserem Leben unterscheiden. Der Heilige Geist ist die allmächtige, allgegenwärtige dritte Person der Dreieinigkeit. Er wacht über unsere Seelen und dient uns im geistlichen Bereich, während die Engel uns im physischen Bereich helfen. Der Heilige Geist wohnt in uns und versiegelt uns mit der Garantie, daß wir wirklich zur Familie Gottes gehören (Epheser 1, 13—14). Er tut für uns Fürbitte und überzeugt uns von unseren Sünden. Er führt uns, leitet uns und tröstet uns. Der Heilige Geist wirkt also *in* uns, die Engel wirken *an* uns. Vor allen Dingen weist uns der Heilige Geist stets und ständig auf Jesus hin.

Diese Eigenschaft teilen die Engel mit dem Heiligen Geist. Es ist ihr Ziel, uns auf Jesus Christus, nicht auf sich selbst, auszurichten. Sie überbringen uns eine Botschaft von Gott selbst. Sie vermitteln uns Gottes Hilfe und Gottes Schutz.

ZWEI GEFAHREN,
DIE ES ZU VERMEIDEN GILT

Es gibt zwei Gefahrenbereiche, die wir uns bewußt machen sollten, wenn wir über Engel nachdenken.

Erstens dürfen wir niemals Engel anbeten. Die Bibel warnt uns immer und immer wieder davor, geschaffene Wesen anzubeten. Gott allein gebührt unsere Anbetung und unsere Verehrung. Wir dürfen auch nicht im Gottesdienst unsere Aufmerksamkeit auf die Engel richten, sondern allein auf Gott.

„Ich, Johannes, habe dies gehört und gesehen. Und als ich es hörte und sah, fiel ich dem Engel, der mir dies gezeigt hatte, zu Füßen, um ihn anzubeten. Da sagte er zu mir: Tu das nicht! Ich bin nur ein Knecht wie du und deine Brüder, die Propheten, und wie alle, die sich an die Worte dieses Buches halten. Gott bete an!" (Offenbarung 22, 8—9).

Auf die Anbetung der Engel lassen sich ganze Sekten zurückführen. Vielleicht erlebte die frühe Kirche dieses Problem, denn auch Paulus warnte vor den Gefahren der Anbetung von Engeln. Im Jahre 325 n. Chr. wurde der Glaube an Engel vom Konzil zu Nicäa in die christliche Dogmatik einbezogen. Daraus ging eine ganze Welle der Anbetung von Engeln hervor. Wir müssen uns klarmachen, daß das auch heute in unserem Leben geschehen könnte. Wir dürfen nie unser Vertrauen auf die Engel setzen, sondern stets nur auf den großen Gott und Allherrscher der Bibel. Durch die Engel zeigt er uns einfach, wie sehr er uns liebt und für uns sorgt. Die absolute Hingabe und der totale Gehorsam der Engel ist beispielhaft, und wir sollen daraus lernen. Sie gehen immer aus lauter Liebe zu Gott auf seine Befehle ein.

Zweitens dürfen wir nie zu den Engeln beten. Wir dürfen Gott bitten, einen Engel auszusenden, um jemandem zu helfen oder zu dienen, was uns sehr ermutigen und trösten soll. Aber wir dürfen nicht zu den Engeln beten. Wenn unsere Kinder auf den glatten Straßen im Winter von der Hochschule nach Hause fahren, dürfen wir den Schöpfer-Gott bitten, einen Schutzengel auszusenden, um sie zu bewahren — was uns sicherlich beruhigt. Wir dürfen Gott bitten, einen Dienstengel auszusenden, der dann am Krankenbett eines lieben Leidenden steht. All das gehört zu den ehrfurchtgebietenden Vorrechten, die wir als Gotteskinder genießen. Aber wir dürfen niemals zu den Engeln selbst beten.

Wir wollen Gott bitten, uns im Hinblick auf seine Engel eine gesunde Ausgewogenheit zu schenken. Es ist notwendig und auch wichtig, daß wir an Engel glauben, weil die Bibel sehr viele Beweise für ihre Existenz liefert. Während seines

Erdenlebens erwähnte sie Jesus des öfteren. Der Unglaube hat hier keinen Raum. Wir können und dürfen nicht versuchen, sie aus den Seiten der Geschichte oder aus unserem Alltag zu entfernen, indem wir sie als Produkt der Einbildungskraft abtun. Engel existieren. Sie sind echt. Sie werden von Gott ausgesandt, damit sie uns helfen.

Zweiter Teil

ABER, HERR, WO WAR MEIN ENGEL?

Aber, Herr,
wo war mein Engel?

**Während ich heute morgen an meiner Schreibma-
schine sitze** und beobachte, wie die warmen Sonnenstrahlen unter den grünen Blättern unserer Ahorne tanzen, denke
ich an alle zukünftigen Leser dieses Buches, die Schweres
durchmachen mußten, ohne daß ein Engel kam, um ihnen zu
helfen. Vielleicht wurde Ihr Kind bei einem Autounfall oder
nach einem Sturz getötet, und Sie fragen sich jetzt: ,,Aber,
Herr, wo war mein Engel?''

Ich erinnere mich an die Geschichte von Daniel, als er in
der Löwengrube war. Gott sandte auf wunderbare Weise einen Engel, um den Löwen das Maul zu versperren. Doch
wurden einige hundert Jahre später Tausende von Christen
im römischen Kolosseum von hungrigen Löwen gefressen.
Kann das etwa bedeuten, daß Gott Daniel mehr liebte als
diese treuen, neubekehrten Christen?

Oder wie stand es um Schadrach, Meschach und Abed-
Nego, als der König Nebukadnezar sie in den glühenden
Feuerofen warf? (Daniel 3, 19—30). Die Bibel berichtet, daß
nicht ein einziges Haar auf ihrem Haupt versengt wurde, da
ein Engel kam und mit ihnen durch das Feuer ging, um sie
vor den prasselnden Flammen zu bewahren. Und doch den-

ke ich auch daran, wie meine beste Freundin Joann Johnson zusammen mit ihren beiden Brüdern bei einem Brand in ihrem Haus umkam, als ich in der achten Klasse war. Wo war da der Engel, der sie hätte schützen sollen? Liebte Gott Joann weniger als Schadrach, Meschach und Abed-Nego? Und wie ist es mit Elia? Er verbrachte Tage in der Wüste ohne Lebensmittel. Als er wegen seines Hungers schwach wurde, legte er sich schlafen (1. Könige 19, 5—9). Während er schlief, kam ein Engel, backte ihm einen Kuchen und gab ihm genug Speise und Wasser für die nächsten 40 Tage. Aber wo war der Engel und wo war der Kuchen für den kleinen hungrigen Jungen, den ich gestern abend in der Tagesschau sah?

Wo war der Engel, als die drei heranwachsenden Kinder einer Bekannten an einem unbeschrankten Bahnübergang plötzlich von einem Zug erfaßt und getötet wurden?

Niemand weiß die Antworten auf solche Fragen. Die meiste Zeit gibt es einfach gar keine Antwort. Wir wissen, daß Jesus während seines Erdenlebens auch nicht jeden Blinden, Kranken oder Krüppel in Jerusalem heilte. Er stand nicht vor jedem Grabeingang, um den Verstorbenen ins Leben zurückzurufen, wie er es bei Lazarus tat. Wenn Sie Ihre Bibel lesen, werden Sie entdecken, daß Gott in bestimmten Situationen eingriff; doch waren jene Situationen eher die Ausnahme als die Regel. Von Zeit zu Zeit schickt Gott seine Engel, um Menschen zu retten, die ihm gehören; doch sind solche Begebenheiten verhältnismäßig rar. Wir erinnern uns, daß nur drei der zwölf Jünger Jesu seine leuchtenden Gewänder sahen, als er mit Mose und Elia auf dem Berg verklärt wurde (Matthäus 17, 3). Die anderen neun machten diese himmlische Erfahrung nicht. Und doch liebten sie Jesus weiter, dienten ihm und waren sogar bereit, genauso wie die drei Jünger, die das Erlebnis machten, für ihn zu sterben.

Wir müssen uns ins Gedächtnis rufen, daß uns Gott in unseren Notlagen auf tausendfache Weise dienen kann. Manchmal tut er es durch einen Engel, doch meistens gibt er uns nur jenes Gefühl der Geborgenheit ins Herz, das uns sein Nahesein zusichert. Während wir hier auf dieser Erde unterwegs sind, wird vielleicht ein Engel erscheinen, aber nur ganz kurz; es passiert so schnell wie das Aufleuchten des silbernen Mondes in einer Sommernacht. Er wird bald wieder von einer Wolke bedeckt. Und wir dürfen nie vergessen: Menschen, die Engelerscheinungen erleben, sind kein bißchen heiliger als andere, die sich ähnlichen Situationen und Nöten gegenübersehen und ohne eine Vision der Herrlichkeit durchkommen müssen.

Wenn wir also auf die Frage: ,,Wo war mein Engel?'' eingehen, müssen wir vor Augen behalten, daß die ganze Schöpfung vom Sündenfall beeinflußt worden ist und daß wir infolge dessen in einer Welt leben, die von Sünde erfüllt ist. Und wir müssen die Wahrheit erkennen, daß jeder Mensch zu irgendeiner Zeit mit Krankheit, Schmerzen, Leid und schließlich dem Tod konfrontiert wird. Wir setzen ja unser Vertrauen nicht auf einen sichtbaren Engel, auch nicht auf eine übernatürliche Befreiung, sondern allein auf Gott. Wir ruhen in dem Wissen um die Zuverlässigkeit Gottes. Wir verstehen ihn nicht immer, doch dürfen wir ihm stets vertrauen.

Wenn wir vor dem plötzlichen Verlust eines lieben Menschen, vor dem Leiden aufgrund einer unheilbaren und lang anhaltenden Krankheit stehen, wenn tragische Unfälle passieren, müssen wir zur Kenntnis nehmen: Die Macht Satans ist in unserer Welt immer noch groß.

Doch kann Gott diese Widerwärtigkeiten in unserem Leben gebrauchen, um unseren Glauben zu stärken und um uns zu festen, reifen Christen zu machen. Er kann die Scherben unseres von Leid heimgesuchten Lebens aufsammeln und etwas Schönes, Sinnvolles daraus machen. Oft benutzt er diese tragischen Erlebnisse, um uns dahin zu bringen, daß wir andere trösten können, die auf dem gleichen Pfad wie wir wandeln müssen. Und er kann diese Erlebnisse gebrauchen, um uns von dem Weg abzubringen, der ins Verderben führt, damit wir wieder zur Gemeinschaft mit ihm zurückkehren. „Manchmal benutzt Gott das Leid in unserem Leben, um uns dahin zu bringen, uns von der Sünde abzuwenden und das ewige Leben zu suchen" (2. Korinther 7, 10 frei übersetzt). Gott nimmt das, was der Satan zu unserem Schaden wenden wollte, und macht etwas Gutes daraus.

„Sogar daß wir jetzt noch leiden müssen, ist uns ein Grund zur Freude. Denn wir wissen, daß Leiden zur Standhaftigkeit führt; Standhaftigkeit aber führt zur Bewährung, und in der Bewährung festigt sich unsere Hoffnung. Diese Hoffnung aber gibt uns die Gewißheit, daß Gott uns nicht fallen läßt. Er hat ja unsere Herzen mit seiner Liebe erfüllt, als er uns den heiligen Geist geschenkt hat" (Römer 5, 3—5 nach der „Bibel in heutigem Deutsch").

DIE TUNNEL DES LEBENS

Vor vielen Jahren hörte ich, wie jemand sagte: „In der Dunkelheit lebt man aus dem, was man im Licht gehört hat." Ich bin mir gewiß, daß jeder Leser dieses Buches irgendwann einmal durch einen dunklen Tunnel gehen muß. Keinem von uns bleiben Schmerzen und Tränen erspart; wir erleben alle die Schatten der Krankheit, der Einsamkeit, der Trennung, des Todes. „Dies habe ich zu euch gesagt, damit ihr in mir Frieden habt. In der Welt seid ihr in Bedrängnis; aber habt Mut: Ich habe die Welt besiegt" (Johannes 16, 33).

Auch Jesus litt während seines Erdenlebens. Aber er lehrte uns, wie wir durch das Leiden hindurchleben können. Er zeigte uns, daß der Glaube, den wir uns durch das Gebet und das Studieren des Wortes Gottes aneignen, ausreichen wird, um uns durch die dunklen Tunnel durchzubringen. Er lehrte uns, zuversichtlich zu sein, so daß wir damit rechnen dürfen, daß er auch mitten im Tunnel bei uns ist und uns hindurchbringen wird. Dieses Wort „hindurch" mag ich sehr gerne, denn es zeigt, daß trotz allem Schweren ein Ende stets in Sicht ist.

Wenn wir uns manchmal mitten in einer solch betrüblichen Situation befinden, können wir das Licht am Ende des Tunnels nicht erkennen; aber trotzdem ist es da. Wir schöpfen Kraft aus der Gewißheit, daß unser guter Hirte *mit uns* durch den Tunnel geht und uns wieder einmal auf den Pfad seines goldenen Sonnenscheins bringen wird. ,,Muß ich auch wandern in finsterer Schlucht, ich fürchte kein Unheil; denn du bist bei mir, dein Stock und dein Stab geben mit Zuversicht'' (Psalm 23, 4). Auch wenn wir niemals einen Engel sehen, dürfen wir uns darauf verlassen, daß Gott uns unendlich liebt. Ein unbekannter Christ schrieb einmal folgende Worte:

,,Ich fragte einmal Jesus:
»Wie sehr liebst du mich?«
Und Jesus sagte:
»So viel...«
und streckte seine Arme aus
und starb.''

DIE NARBEN DER TRAUER

Unlängst saß unsere ganze Familie zusammen um den Weihnachtsbaum und fing an, sich über vergangene, glückliche Erlebnisse auszutauschen. Unser Sohn Dan schaute auf eine der Narben an seiner Hand herab und sagte: ,,Ich erinnere mich genau, wie ich zu dieser Narbe kam. Wir lebten damals in der Schweiz. Als ich eines Tages die Straße entlanglief, rutschte ich auf dem Eis aus und fiel hin. Dabei schnitt ich mir mit meinem neuen Schweizer Messer fast einen Finger ab. Erinnerst du dich noch daran, Tom, wie du und Franky Schaeffer mir bis zum nächsten Ferienhäuschen halfen? Der Künstler, der gerade da wohnte, bat uns zu sich herein, legte einen Verband um meinen Finger und gab uns heißen Kakao und Kekse. Später lud er die ganze Familie zu seiner Kunstausstellung im Palasthotel in Villars ein."

Die Erinnerungen aus dieser Geschichte um die Narbe führten zu anderen glücklichen Begebenheiten, die wir miteinander teilten. Jeder von uns fing an, seine im Laufe der Jahre angesammelten Narben zu erklären und die dahinterstehenden Geschichten zu erzählen. Das war vielleicht ein schöner Abend! Einige der Narben brachten glückliche Erinnerungen zurück; andere riefen schmerzliche Erinnerungen hervor. Einige waren so gut geheilt, daß man sie kaum noch sehen konnte; andere waren noch nach vielen Jahren schmerzhaft.

Jedes schmerzliche oder unglückliche Erlebnis hinterläßt eine Narbe in unserer Seele. Einige Wunden scheinen zuerst so tief zu gehen, daß sie häßliche, purpurfarbene Narben hinterlassen. Wenn wir es jedoch unterlassen, am wunden Punkt herumzuquetschen, wächst das Gewebe wieder zusammen und die Stelle heilt. Eines Tages können wir Rückschau halten und entdecken, daß von einem qualvollen Erlebnis nur eine ganz blasse Narbe übriggeblieben ist. Sie wird zwar von Zeit zu Zeit immer noch weh tun, wenn wir sie berühren, doch ist sie wirklich geheilt.

Das passiert genauso, wenn wir mit Katastrophen in unserem persönlichen Leben fertig werden müssen. Nach einiger Zeit fällt uns auf, daß der Schmerz nicht mehr so sehr an uns zehrt. Die Verletzung ist geheilt, es bleibt nur eine Narbe übrig. Wieder einmal haben wir die Fähigkeit erlangt, anderen zu helfen. Wir fangen an, von neuem zu leben. Uns geht auf, daß wir, wenn auch nur in unauffälliger Weise, unsere Liebe und Fürsorge unseren Familien mitteilen können. Wir verspüren ein neues Verlangen, dem Herrn Jesus zu dienen, denn wir lieben ihn, und er hat nie aufgehört, uns zu lieben. Wenn wir einmal im Himmel angekommen sind, wird Gott, glaube ich, nicht nach den hell glänzenden Medaillen Ausschau halten, die uns hier auf Erden die Menschen verliehen haben; er wird sich vielmehr für die Narben interessieren, die wir während unseres Lebens ansammelten. Er wird sich danach erkundigen, wie wir zu ihnen kamen und ob wir sie heilen ließen.

Vielleicht sehnen sich einige von uns danach, einen Engel zu sehen; aber Jesus hat etwas viel Besseres für uns bereit. Wir möchten am liebsten Flügel wie Adler bekommen und auf die Gipfel der Berge dieses Lebens fliegen, damit wir gleich das nächste übernatürliche Gottesereignis schauen können. Wir möchten in der warmen Decke der Geborgenheit beim Herrn eingewickelt werden, damit wir vor allem Bösen bewahrt werden. Und wir vergessen, daß Jesus es vorgezogen hat, uns statt dessen hier mitten in einer leidenden Welt mit den unbefleckten Gewändern seiner Gerechtigkeit zu bekleiden. C. G. Trumbull sagte einmal: „Wer bereit ist, ohne jeden außerbiblischen Beweis Gott zu vertrauen, wird immer eine große Anzahl sichtbarer Liebeserweise von Gott erhalten."

Und sollten wir jemals einen sichtbaren Eindruck von der unzähligen Schar himmlischer Wesen, die uns umgeben, erhalten, dann wird er uns desto kostbarer sein, wenn wir es gelernt haben, Gott auch ohne solche Glaubenshilfen zu vertrauen. Dann wissen wir aus der Erfahrung, daß er allein unseres Vertrauens würdig ist.

VERTRAUEN

Wenn wir jeden Tag nahe bei Jesus bleiben, lernen wir, was es heißt, uns ihm ganz anzuvertrauen. Wir lernen, daß das Leben als Christ nicht aus einer ununterbrochenen Reihe übernatürlicher Eingriffe besteht. Auch wenn wir einmal einem Engel begegnen, dürfen wir nicht erwarten, daß das jede Nacht vorkommt, wie uns das in einigen christlichen Büchern vorgemacht wird. Solange unser Vertrauen auf Gott täglich wächst, sind wir auf die Krisenzeiten vorbereitet, die ab und zu vorkommen. Wir entdecken dann, daß ein festes Fundament für unser Leben gelegt worden ist. Wir werden so wie der kluge Mann, der sein Haus auf Fels baute. Als der Wolkenbruch kam, blieb sein Haus bestehen. Aber das vom unvernünftigen Mann auf Sand gebaute Haus stürzte ein. Es fiel der gleiche Platzregen auf beide Häuser, doch blieb nur das Haus stehen, das auf Fels gebaut war — das ein festes Fundament hatte.

Wer auf Gott vertrauen kann, während die Stürme des Lebens um ihn herum toben, wird zu einem Zeugnis für die Macht Gottes im Menschen. Wenn wir trotz einer persönlichen Katastrophe unsere Arbeit fortsetzen können, ist das ein Beweis dafür, daß der Heilige Geist an uns wirkt. Gott ruft uns zu einem Lebenswandel in der Gemeinschaft mit sich, einem Lebenswandel, bei dem wir ihm bei jedem Schritt vertrauen müssen. Und wenn wir dann die schweren, felsigen Wegstrecken unserer Lebensreise erreichen, erfahren wir den Schutz und die Hilfe Gottes. Ein unbekannter Dichter schrieb einmal folgende Worte:

> Ich schaff' es nicht allein;
> Die Wellen schlagen hoch,
> Der Nebel schließt mich ein,
> Und dunkel wird es noch;
> Doch weiß ich, daß wir beide
> In den Hafen laufen ein:
> Jesus und ich zusammen!

Vielleicht erfahren wir nie eine übernatürliche Befreiung durch einen Engel, aber Gott verheißt uns übernatürliche Kraft für unseren Geist. Unser Glaube und Vertrauen wird gefördert und unser Charakter gestärkt, wenn wir ohne die Hilfe von Engeln durch die Stürme hindurchkommen. Dann lernen wir, was die Worte Jesu wirklich heißen: ,,Selig sind, die nicht sehen und doch glauben" (Johannes 20, 29). Wir lernen, mehr auf Gott und sein Wort als auf unsere eigene Erfahrung zu vertrauen. Unsere Kraft erwächst stets aus der Erkenntnis Jesu Christi: „... denn ich weiß, wem ich Glauben geschenkt habe, und ich bin überzeugt, daß er die Macht hat, das mir anvertraute Gut bis zu jenem Tag zu bewahren" (2. Timotheus 1, 12).

Halten Sie sich stets die Wahrheit vor Augen, daß es beim Glauben auf den Gegenstand des Glaubens ankommt. Und der Gegenstand unseres Glaubens ist Jesus Christus. Werden wir Gott mehr lieben, uns ihm noch mehr ausliefern, wenn wir heute Nacht einen Engel sehen? Keinesfalls. Wir lieben ihn auch dann, wenn wir nie einen Engel sehen. Gott möchte, daß wir ihn für seine Eigenschaften lieben und nicht wegen der empfangenen Zeichen und Wunder.

EIN WORT ZU DEN FOLGENDEN ENGELGESCHICHTEN

Im Laufe der letzten Jahre bin ich mit Menschen aus aller Welt zusammengekommen, die sich die Zeit nahmen, mir ihre Engelbegegnungen mitzuteilen. Es war für mich eine besondere Freude, diesen Menschen zuzuhören, während sie von diesen wahren Erlebnissen berichteten. Bei der Wiedergabe der Geschichten sind allerdings manchmal Namen und Ortsangaben geändert worden, doch blieb in jedem Fall der Inhalt der Geschichte davon unberührt.

Es ist nicht der Zweck dieses Buches, den Skeptiker von der uns umgebenden übernatürlichen Welt zu überzeugen; ich möchte hier ganz einfach einige der Geschichten weitergeben, die mir von Menschen, die ich achte, anvertraut wurden. Es ist mein Gebet, daß jeder Leser dieses Buches ein wachsendes Bewußtsein für die unzähligen Dienste erhalten möge, die die Engel auf Gottes Geheiß an uns verrichten. Dieses Bewußtsein gibt uns neue Einsicht in das Wesen des allmächtigen, übernatürlichen Gottes der Bibel.

Was mich beim Interviewen dieser Menschen beeindruckte, war die zärtliche Art, in der jeweils der Engel seine Gegenwart bekannt machte. Es fehlte alles Spektakuläre oder Sensationelle. Ich entdeckte niemanden, der eine Begegnung mit einem Engel gehabt hatte und es dann überall verkündigte. Niemand fühlte sich gedrungen, sein Erleben gleich von der nächsten Kanzel zu erzählen. Niemand versuchte, einen anderen von der Wahrhaftigkeit seiner Geschichte zu überzeugen. Die meisten Personen, die ich interviewte, waren im Gegenteil zuerst nur widerwillig bereit, ihre Erlebnisse überhaupt mitzuteilen. In allen Fällen blieb die Erinnerung an die Begegnung als Quelle des Trostes im Herzen der betreffenden Menschen. Ich hatte nie das Gefühl, jemand hätte sich für geistlich überlegen gehalten, weil er einen Engel gesehen habe. Bei diesen Personen entdeckte ich keine Spur einer Selbstgerechtigkeit. Im Gegenteil, sie waren nach ihrer Engelbegegnung normalerweise sehr demütig. Diese Begegnungen hinterließen eine stille Ehrfurcht und das Gefühl eines heimlichen Staunens. Niemand bezweifelte, was mit ihm geschehen war. Alle wußten um die Echtheit der Gegenwart, auch dann, wenn sie nicht sichtbar wurde.

Ich bin zuversichtlich, die Lektüre der folgenden Begebenheiten wird Sie ermutigen und Ihnen die herrliche Wahrheit neu vor Augen führen, daß Gott seine Engel aussendet, „um denen zu helfen, die das Heil erben sollen" (Hebräer 1, 14).

Diese Geschichten werden Sie trösten und Ihren Glauben stärken, wenn Sie durch sie einen Blick in die himmlische Herrlichkeit tun und erkennen, daß Scharen von Engeln jeden Augenblick bereit stehen, um auf einen Befehl Gottes hin Ihnen zu helfen. Die Freude und die Zuversicht, die Sie im Herzen haben, werden wachsen, wenn Ihnen klar wird, daß alle übernatürlichen Ereignisse auf den Abschluß alles Natürlichen hinweisen: auf den Tag, an dem wir zu einem ewigen Leben mit Christus an einem Ort ohne Tränen, Schmerzen oder Tragödien auferstehen werden.

Erkennen Sie also die Herrlichkeit Gottes vor Ihren Augen! Hören Sie, wie dort Loblieder gesungen werden! Hören Sie, wie die Engelchöre singen: „Ihm, der auf dem Thron sitzt, und dem Lamm gebühren Lob und Ehre und Herrlichkeit und Kraft in alle Ewigkeit" (Offenbarung 5, 13).

Dritter Teil

DIE BEGEGNUNGEN

Denn er befiehlt seinen Engeln, dich zu behüten auf allen deinen Wegen. Sie tragen dich auf ihren Händen, damit dein Fuß nicht an einen Stein stößt.

Psalm 91, 11—12

Die Begegnungen

Es geschah an einem heißen, feuchten Sommertag im mittleren Westen der Vereinigten Staaten. Brian fuhr zum Haus eines Freundes und ging dort zusammen mit einigen ehemaligen Schulfreunden im hauseigenen Schwimmbecken schwimmen. Die jungen Leute verbrachten den Vormittag mit Schwimmen, Tauchen und Spielen. Es tat gut, die alte Gruppe in dieser Weise wieder zusammen zu haben, und Brian ging nur widerwillig wieder fort, um seiner Teilzeitbeschäftigung als Gärtner nachzugehen.

An jenem Abend hatte er sich mit einem Mädchen aus der nächsten Stadt verabredet. Als er nach der Verabredung nach Hause fuhr, merkte er, daß Sterne und Mond verschwunden zu sein schienen. Die Luft war von einer unheimlichen Stille erfüllt. Es war, als hätte die Sommernacht die ganze umliegende Landschaft verhext. Alles war still, die Finsternis schien greifbar nahe. Ehe Brian nach Hause fuhr, entschloß er sich, noch einmal zum Hause des Freundes zu fahren und kurz wieder schwimmen zu gehen. Es war schon recht spät, als er ankam; es war alles dunkel, denn alle waren schon ins Bett gegangen. Er schritt jedoch auf Zehenspitzen über den Hof zum Swimming-pool und stellte sich vor, wie herrlich es sein würde, ins kühle Wasser hineinzutauchen.

Brian kletterte zum Sprungbrett hinauf und lehnte sich

ein wenig nach vorne, bereit, ins Wasser zu springen. Als er aber in die mitternächtliche Finsternis hinunterschaute, sah er etwas Merkwürdiges. Dort unten schien etwas in Gestalt eines Kreuzes mit strahlendem Glanz zu glühen. Als er dann näher hinschaute, erkannte er etwas, das ihm wie ein sich in der Finsternis ausstreckender Engel vorkam. Da sein Blick von der silbernen Erscheinung gefesselt war, kletterte er wieder die Leiter hinunter, ging zum Rand des Beckens und kniete sich hin, um sich die Gestalt näher anzuschauen. Und sofort war das leuchtende Etwas verschwunden. Brian sah aber in dem Augenblick, daß im Swimming-pool kein Tropfen Wasser mehr vorhanden war! Am darauffolgenden Tag hörte er, daß die Eltern seines Freundes zwecks Reinigung des Beckens das Wasser hatten ablaufen lassen, nachdem die Freunde mit dem Schwimmen fertig waren.

Diese Begebenheit ereignete sich vor mehreren Jahren. Brian steht inzwischen vor dem Hochschulabschluß. Aber jedesmal, wenn er an jene Sommernacht zurückdenkt und sich an den Engel erinnert, der ihm das Leben rettete, verspürt er tief in seinem Herzen ein Lied der Freude.

Eine junge Mutter stand eines Vormittags in der Küche und spülte das Geschirr. Es war Frühling, und draußen im Garten blühte eine frische, juwelenartige Blumenpracht. Ein zarter Kleeduft erfüllte die Luft. In einem Augenblick war der lange, trübe Winter vergessen.

Während sie durch das Fenster hinaus auf den Hof schaute, bemerkte sie, daß jemand die Gartenpforte aufgelassen hatte. Ihre kleine, dreijährige Tochter Lisa war durch die Pforte spaziert und saß jetzt unbekümmert zwischen den Eisenbahnschienen und spielte mit Kieselsteinen. Das Herz der Mutter aber blieb beinahe stehen, als sie sah, wie ein Zug um

die Kurve fuhr. Sie hörte das wiederholte Tuten der Loko-
motive. Während sie aus dem Haus rannte und den Namen
ihrer Tochter rief, erblickte sie plötzlich eine auffallende Gestalt, die, mit reinstem Weiß bekleidet, Lisa von den Schienen
hob. Als dann der Zug vorbeirauschte, stand das herrliche
Wesen neben dem Gleis und hielt einen Arm um das Kind.
Zusammen schauten sie zu, wie der Zug vorbeifuhr. Als die
Mutter an der Seite ihrer Tochter ankam, stand Lisa allein da.

**Jackie ist ein sehr hübsches, siebzehnjähriges Mäd-
chen.** Sie hat glänzende, schwarze Haare und funkelnde,
braune Augen. Ihre erfreuliche Ausstrahlung hebt sie von anderen hübschen jungen Mädchen ab. Ich lernte sie kennen,
als ich bei einem alljährlichen „Osterglocken-Treffen" eine
Ansprache hielt. Jackie war eine der „Osterglocken-Prinzes-
sinnen". In ihrem langen, gelben Kleid sah sie in jeder Hin-
sicht so schön aus wie die Blume, die sie darstellen sollte.
    Vor drei Jahren stand Jackie vor einem schmerzlichen
Schicksal. Die Ärzte hatten bei ihr einen Tumor am Wangenknochen festgestellt, und zwar eine Art Tumor, die normalerweise nur an einem langen Knochen, z. B. am Arm oder
am Bein vorkommt. Die tödlichen Metastasen hatten sich im
ganzen Wangenbereich ihres hübschen Gesichts ausgebreitet. Wenn ihr das Leben gerettet werden sollte, mußte sie
unbedingt operiert werden. Die Ärzte erklärten Jackie und
ihren Eltern genau, was die Operation mit sich bringen würde. Sie würden entlang der Nase und durch die Oberlippe
einen Einschnitt machen müssen. Alle Zähne auf der linken
Seite sowie Wangenknochen, Nasenbein und Kiefer würden
entfernt werden müssen. Es erübrigt sich zu sagen, daß eine
Operation dieses Ausmaßes für ein hübsches, vierzehnjähri-
ges Mädchen eine wenig erfreuliche Aussicht war. Es wurden viele Tränen vergossen.

Mit tiefer Trauer packte Jackie ihren Koffer und fuhr ins Krankenhaus. Schon mehrere Tage vor der Operation lag sie im Krankenhausbett und dachte darüber nach, was es für sie bedeutete, mit solch furchtbaren Narben durchs Leben zu gehen — wenn sie die Operation überhaupt überlebte. Sie hatte Angst. Alles in ihr sehnte sich nach dem Leben. Sie wollte so gern alles erleben, was ihr das Leben noch zu bieten hatte. Während sie in einsamer Angst in jener Nacht ihren Kopf hin- und herdrehte, fing sie an zu beten. Unter Tränen bat sie Gott, ihr in dieser qualvollen Situation zu helfen.

Um etwa zwei Uhr morgens wurde Jackie geweckt. Wie sie wach wurde, wußte sie nicht, nur daß sie jetzt hellwach war. Am Fußende des Bettes sah sie ein strahlendes Licht aufleuchten, und es erschien die silberfarbene Gestalt eines Engels. Diese Gegenwart war sehr mächtig, doch zugleich voller Liebe. Jackie wurde mit einer Stille erfüllt, die sie an die Wärme eines Sommertages erinnerte. Sie fühlte sich von dieser Gegenwart umschlossen und ein Gefühl des Staunens durchdrang ihren ganzen Körper. Sie konnte kaum fassen, was mit ihr geschah.

Eine Stimme, hell wie der Sonnenschein, sagte ihr: „Fürchte dich nicht, Jackie. Du wirst geheilt."

Und mit einem Male war der Engel weg. Er hinterließ nur die Ausstrahlung reinster Schönheit.

Am folgenden Tag wurde Jackie in ein besonderes Zimmer gebracht, wo präoperative Röntgenaufnahmen gemacht wurden. Zum Erstaunen der Ärzte waren die tödlichen Metastasen sowie jegliche Spur des Tumors verschwunden.

Das geschah vor drei Jahren. Und jetzt saß diese schöne „Osterglocken-Prinzessin" neben mir am Tisch. Ihr Gesicht ist ohne Makel, und sie wird die wunderbare Berührung durch die Hand Gottes niemals vergessen können.

**Für den Arzt war es eine vollbeschäftigte Woche ge-
wesen.** Als er an jenem Samstagnachmittag in seine Einfahrt
fuhr, freute er sich auf die Gelegenheit, seine alten Klamotten
anzuziehen, sich vor dem Fernseher zu entspannen und zu-
zuschauen, während seine Lieblingsbaseballmannschaft ihr
Spiel gewann. Aber das Spiel war erst halb vorbei, da klingelte das Telefon. Im Krankenhaus sei ein dringender Fall einge-
liefert worden, er müsse unbedingt sofort kommen. Er griff
nach seiner Tasche und rannte hinaus zu seinem Wagen, der
in der Einfahrt stand. Er stieg ein, drehte den Zündschlüssel
und wollte gerade losfahren, als er neben dem offenen Auto-
fenster eine überwältigende Gegenwart verspürte. Diese war
so echt, er hätte sich hinauslehnen können, um sie zu berühren. Er hielt lange genug inne, um den Kopf zu drehen und
hinauszuschauen. Obwohl er nichts sah, hörte er mit einem
Mal eine warnende Stimme: „Fahre nicht rückwärts aus der
Einfahrt. Steig aus und schau erst einmal hinter dem Wagen
nach."

Obwohl der Arzt es so furchtbar eilig hatte, spürte er, daß
er dieser Botschaft gehorchen sollte. Er stieg aus dem Wagen
aus und ging einmal um das Fahrzeug. Dahinter entdeckte er
den zweijährigen Jungen von nebenan, der sich in seinem
neuen Schaukelstuhl gegen die hintere Stoßstange des Autos
lehnte und verträumt beobachtete, wie die Herbstwolken
dahinsegelten.

**Karen hat dank eines Wunders etwas Schreckliches
überlebt,** das ihr vor kurzem widerfahren war. Sie war mit
einem Revolver bedroht und gezwungen worden, in ein Auto
einzusteigen. Dann wurde sie außerhalb der Stadt in ein
Waldstück gebracht und vergewaltigt. Bevor der Angreifer
sie verließ, schoß er dreimal auf sie. Es vergingen mehrere

Stunden, ehe sie sich aufrichten konnte. Da sie ihre Schuhe nicht finden konnte, ging sie barfuß und stolpernd zur wenig befahrenen Hauptstraße. Daß sie sich weit weg von der Stadt befand und den ganzen Weg auf dem Straßenpflaster zu Fuß gehen mußte, wußte sie. Wiederholt kam ihr der Gedanke, sie würde es überhaupt nicht schaffen. Sie betete und bat Gott, jemanden zu schicken, der ihr helfen könne. Sie war schwach und beinahe ganz verwirrt, doch fühlte sie plötzlich, wie sie von starken, schützenden Händen getragen wurde. Als sie schließlich den Stadtrand erreichte, kam es ihr vor, als würde sie sanft wieder auf den Boden gestellt.

Vom ersten Haus, das sie erreichte, sah sie ein einladendes Licht erstrahlen. Sie stieg auf die Veranda und klopfte an die Tür. Eine freundlich aussehende junge Frau öffnete. Sie erblickte Karen und fiel ohnmächtig und ohne einen Laut zu Boden. Ihr Mann eilte herbei und half Karen hereinzukommen. Vorsichtig führte er sie zur Couch, dann rief er im Krankenhaus an, um einen Krankenwagen kommen zu lassen. Dann ging er zu seiner Frau, die gerade wieder zu sich kam.

Karen lächelte schwach und sagte: „Es tut mir leid, daß ich Ihnen einen Schreck versetzte. Ich muß fürchterlich aussehen.‟

Aber die junge Frau sagte: „Nein, deswegen bin ich nicht in Ohnmacht gefallen. Als sie an der Tür standen, sah ich, wie Sie von einem riesigen, glänzenden Engel gehalten wurden.‟

Später konnte im Krankenhaus an Karens Füßen kein einziger Kratzer festgestellt werden, obwohl sie mehrere Meilen barfuß auf einer mit Kieselsteinen befestigten Straße gelaufen war.

Sicherlich hatte der Engel sie auf seinen Armen getragen, damit „ihr Fuß nicht an einen Stein stieß‟.

Linda und ihr Mann hatten angefangen, zusammen ihr Haus von außen zu streichen. Da der Nachmittag warm und sonnig war und die Kinder im Bett waren und schliefen, meinte Linda, es wäre eine nette Überraschung für ihren Mann, wenn sie es schaffen könnte, die Rahmen der Fenster im ersten Stock zu streichen, ehe er von der Arbeit nach Hause kam.

Sie holte sich die lange Leiter und bestieg sie bis ganz oben. Den Topf mit der Farbe konnte sie nirgends absetzen, darum mußte sie ihn mit der einen Hand festhalten, während sie mit der anderen Hand pinselte. Sie wurde ein wenig nervös dort oben, so hoch über dem Boden. Als sie einmal hinunterschaute, merkte sie, daß oben auf dem Zaun, den sie als Schutz gegen Wirbelstürme ums Haus errichtet hatten, scharfe Zacken zu sehen waren. Sie dachte, wie schrecklich es wäre, wenn sie fiele und auf diesen spitzen Zacken landete.

Während sie weiterpinselte, kippte die Leiter plötzlich nach hinten und krachte zu Boden. Als Linda zu fallen anfing, konnte sie gerade noch das eine Wort „Jesus" rufen.

Als sie gewahr wurde, was geschehen war, stand sie ruhig auf dem Boden und hatte immer noch den Farbtopf in der Hand. Es war nicht einmal ein Tropfen Farbe vergossen worden. Die Leiter lag zerbrochen über dem gefährlichen Zaun. Linda ist überzeugt, daß in jenem kurzen Augenblick Jesus ihren Hilferuf hörte und einen Engel sandte, um sie sanft zu Boden zu tragen.

Emily wuchs in einer schönen Stadt im Süden auf. Sie war damals sieben Jahre alt und sollte jeden Tag mit ihrem fünfjährigen kleinen Bruder von der Schule nach Hause laufen. Jeden Tag, wenn sie unter dem Schatten der Bäume die Straße entlanggingen, freute sich Emily darauf, an ihrem Lieblingshaus vorbeizugehen. Dies war ein großer Bau aus Ziegelsteinen, der von einem mit Blumen übersäten Garten und einem eisernen Zaun umgeben war. Emily stellte sich vor, es wäre das große, alte Haus, wo in ihrem Lieblingsroman *Little Women* Beth und Jo wohnten.

Als sie eines Nachmittags am großen Haus vorbeigingen, spürten sie und ihr Bruder eine Hand an ihrer Schulter. In einem Augenblick wurden sie hochgehoben und ganz sanft etwa fünf Meter entfernt wieder auf den Boden gestellt. Im gleichen Augenblick kam ein Auto mit überhöhter Geschwindigkeit die Straße entlanggefahren. An genau der Stelle, wo Emily und ihr kleiner Bruder gestanden hatten, überfuhr der Wagen den Rinnstein und fuhr mit einem Krach gegen den eisernen Zaun des Hauses. Wenn die beiden dort gestanden hätten, wären sie gegen den Zaun gedrückt worden. Als Emily sich umdrehte, um zu sehen, wer sie aufgehoben hatte, war niemand da.

Im sechsten Monat wurde der Engel Gabriel von Gott in eine Stadt in Galiläa namens Nazareth zu einer Jungfrau gesandt. Sie war mit einem Mann namens Josef verlobt, der aus dem Haus David stammte. Der Name der Jungfrau war Maria. Der Engel trat bei ihr ein und sagte: Sei gegrüßt, du Begnadete, der Herr ist mit dir. Sie erschrak über die Anrede und überlegte, was dieser Gruß zu bedeuten habe. Da sagte der Engel zu ihr: Fürchte dich nicht, Maria; denn du hast bei Gott Gnade gefunden. Du wirst ein Kind empfangen, einen Sohn wirst du gebären: dem sollst du den Namen Jesus geben. Er wird groß sein und Sohn des Höchsten genannt werden. Gott, der Herr, wird ihm den Thron seines Vaters David geben. Er wird über das Haus Jakob in Ewigkeit herrschen, und seine Herrschaft wird kein Ende haben. Maria sagte zu dem Engel: Wie soll das geschehen, da ich keinen Mann erkenne? Der Engel antwortete ihr: Der Heilige Geist wird über dich kommen, und die Kraft des Höchsten wird dich überschatten. Deshalb wird auch das Kind heilig und Sohn Gottes genannt werden. Auch Elisabeth, deine Verwandte, hat noch in ihrem Alter einen Sohn empfangen; obwohl sie als unfruchtbar galt, ist sie jetzt schon im sechsten Monat. Denn für Gott ist nichts unmöglich. Da sagte Maria: Ich bin die Magd des Herrn; mir geschehe, wie du es gesagt hast. Danach verließ sie der Engel.

Lukas 1, 26—38

Die nächsten drei Berichte wurden aus mehreren ähnlichen Ge-
schichten ausgewählt, die ich gesammelt habe. Bei jeder Begeg-
nung spürte der Erzähler der Geschichte, wie ihm eine starke
Hand auf die Schulter gelegt wurde, und er hörte eine Botschaft.
Als erstes teile ich Ihnen gleich meine eigene Geschichte mit.

Im Jahre 1962 genossen mein Mann und ich und unsere
drei Kinder das Vorrecht, sechs Monate in der Schweiz bei
Dr. Francis Schaeffer in der L'Abri-Gemeinschaft zu studieren.

Im Laufe der sechs Monate freundeten Edith Schaeffer
und ich uns an. Jeden Montag nachmittag fuhren wir gemeinsam ins nächste Dorf, um die für die kommende Woche
notwendigen Lebensmittel für unsere Familien zu kaufen.
Hinterher belohnten wir uns mit einem Aufenthalt in einem
gemütlichen Café, wo wir eine Tasse heißen Tee und ein
Stück Nuß-Sahnetorte zu uns nahmen.

Eines Montags im frühen November sagte Edith, während wir an unserem Tee nippten: ,,Hope, sieh zu, daß du
dieses Jahr dein Weihnachtsgeld für den Winterschlußverkauf aufhebst, den es hier in der Schweiz jeden Januar gibt.''
Und sie erklärte mir, daß es in der Schweiz anders ist als in
den Vereinigten Staaten, wo es fast andauernd Ausverkaufs-
wochen gibt. In der Schweiz gibt es nur zweimal im Jahr besondere Verkaufsaktionen: den Sommerschlußverkauf und
den Winterschlußverkauf im Januar. Alle Geschäfte machen
mit.

Von jenem Tag an tat ich jeden Rappen, den wir sparen
konnten, in einen besonderen Umschlag mit der Aufschrift:
,,Winterschlußverkauf''.

Endlich kam die große Woche. Edith meinte, wir sollten
gleich am ersten Tag des Verkaufs hinfahren und versuchen,
schon bei der Eröffnung dabei zu sein. Als ich das Geld in unserem besonderen Umschlag zählte, entdeckte ich, daß wir
umgerechnet rund 150 Dollar gespart hatten, was damals

(1962) eine nicht geringe Summe darstellte. Harry und ich gratulierten uns gegenseitig zu unserer Leistung. Am Abend vor dem Beginn des Verkaufs nahm ich den Kindern sorgfältig Maß, damit ich mich auf die europäischen Größen einstellen konnte. Als ich dann das Geld und die Maße sicher in mein Portemonnaie weggesteckt hatte, fuhren Edith und ich die kurvenreiche Strecke nach Lausanne hinunter. Im Auto herrschte eine abenteuerliche Atmosphäre. Wir wollten erst nach dem Abendbrot wieder zu Hause sein.

Wir fingen gleich bei unserem Lieblingskaufhaus an, und mir passierte etwas, was ich sonst nie erlebt habe. Ich fand alles auf Anhieb, was ich auf meiner Einkaufsliste stehen hatte. Für die Jungen sah ich zwei gut gefütterte Jacken, die sie bei unseren kalten Wintertemperaturen in Pittsburgh warm halten sollten. Für Debbie entdeckte ich einen hübschen blauen Mantel mit farbigen, eingestickten Blumen am ganzen Schulterstück. Dazu gehörten eine Hose und ein Hut mit dem gleichen Muster. Ich konnte mir richtig vorstellen, wie süß sie im nächsten Winter aussehen würde mit ihren großen, braunen Augen und rötlichen Wangen und mit dem hübschen, blauen Mantel aus der Schweiz. Für Harry fand ich einen wunderschönen, weich gefütterten Mantel in Schokoladenbraun und auch eine warme Jacke, die er tragen könnte, wenn er als Zuschauer zum Fußballspiel ging. Für mich selbst wählte ich einen attraktiven blauen Mantel aus Wolle, der um den Kragen, an den Ärmeln und vorne mit schwarzer Borte verziert war. Es blieb dann noch genug Geld übrig, um für uns alle warme Schals und dazu passende Hüte und Handschuhe zu besorgen.

Als ich meine sorgfältig ausgewählten Einkäufe zur Kasse brachte, war ich selig! Es machte so viel Spaß, für meine Familie diese guten Schweizer Kleidungsstücke zu kaufen. Als aber die Verkäuferin anfing, die einzelnen Artikel zusammenzuaddieren, fühlte ich, wie sich mir eine starke Hand auf die Schulter legte. Ich drehte mich natürlich um, um zu sehen, wer da war, doch war kein Mensch zu sehen! Andererseits konnte ich aber weder den festen Druck auf meine Schulter noch die deutliche Stimme verkennen, die mich jetzt ansprach. Mir wurde die Botschaft übermittelt: „Du wirst diese Sachen nicht brauchen."

Da ich immer noch den Druck auf der Schulter spürte, drehte ich mich wieder um und sagte: „Natürlich brauche ich sie. Wir wohnen in Pittsburgh, und da ist es kalt. Schau einmal hin! Ich habe für nächstes Jahr etwas größere Größen eingeplant!" Mit wem setzte ich mich da auseinander? Ich wußte es nicht.

Die Botschaft wiederholte sich unverkennbar: „Du wirst diese Sachen nicht brauchen."

Dann war die Hand weg und auch die Stimme, und die Verkäuferin schaute mich erwartungsvoll an und wiederholte offensichtlich den Preis, den ich zu bezahlen hatte. „Hundertsechsundvierzig Dollar, bitte."

Ich konnte bald den eigenen Ohren nicht mehr glauben, als ich mich dann selbst sagen hörte: „Es tut mir leid, ich werde diese Sachen doch nicht brauchen." Und ich sammelte alles wieder ein und brachte die Sachen zum jeweiligen Ständer zurück. Während des Restes des Tages blieben Edith und ich zusammen. Wir besuchten viele Geschäfte und entdeckten viele Sonderangebote, aber ich kaufte überhaupt nichts. Als ich dann abends um halb neun unser Ferienhäuschen betrat, warteten Harry und die Kinder gespannt auf die Ergebnisse meines Einkaufs. Sie können sich vorstellen, wie überrascht und enttäuscht sie waren, als ich meine sämtlichen Einkäufe auf den Tisch packte: Eine Tüte Erdnüsse und ein paar Strümpfe.

Drei Wochen nachdem wir nach Pittsburgh zurückgekehrt waren, entdeckte ich, daß der Engel mit der starken Hand und der fest entschlossenen Stimme Recht gehabt hatte. Der Leiter unserer Missionsgesellschaft rief uns an und fragte uns, ob wir bereit wären, vom kommenden September an mit der ganzen Familie nach Brasilien zu ziehen, um im Laufe der nächsten fünf Jahre dort eine Missionsgemeinde aufzubauen! Natürlich sind wir dem Ruf gefolgt. Und natürlich brauchten wir in Brasilien die warmen Schweizer Wintermäntel nicht!

Mary ist eine gütige, liebevolle Frau, die von ihren Freunden und Bekannten oft eine „Heilige" genannt wird. Sie ist Mutter von neun Kindern und lebt mit ihnen zusammen in einem Haus im mittleren Westen der Vereinigten Staaten. Dieses Haus ist erfüllt mit der Geborgenheit der Liebe Gottes; in der Familie werden nicht nur der Gottesdienstbesuch und die Sonntagsschule ernst genommen, sondern es wird auch den Familienandachten und dem gemeinsamen Bibellesen eine Prioritätsstellung eingeräumt.

In der Stadt, in der Mary lebt, wird jedes Jahr der amerikanische Unabhängigkeitstag am 4. Juli mit einem Umzug gefeiert. Viele Menschen aus der Stadt sowie die örtlichen Geschäftsinhaber bereiten farbenfrohe Festwagen vor, die beim Umzug mitfahren. Diese Vorbereitung verlangt einiges an Nachdenken und Arbeit. Die Kinder lieben es, erwartungsvoll am Straßenrand zu sitzen und die fröhlich geschmückten Wagen mit ihren fliegenden Bändern aus Kreppapier vorbeiziehen zu sehen. Viele der Kinder können kaum die Zeit abwarten, selbst alt genug zu sein, um beim Umzug am 4. Juli mitzuziehen.

Bill, Marys 19jähriger Sohn und das älteste ihrer Kinder, hatte auch zu denen gehört, die sich darauf freuten, eines Tages einen eigenen Festwagen zu basteln. Während des vergangenen Winters hatte er zusammen mit seinem Cousin viele Abende damit zugebracht, für den Umzug einen Festwagen fertigzustellen.

Endlich kam der große Tag. Während es noch dunkel war, ging Bill zusammen mit seinem Cousin zum Messeplatz, wo die Festwagen schon in der richtigen Reihenfolge aufgestellt worden waren. Sie wollten sicher sein, daß alles am Wagen wirklich in Ordnung war. Bald füllten sich die Straßen mit Tausenden von Menschen. Es entstand eine gespannte Atmosphäre. Kleine Kinder saßen bei ihren Vätern auf der Schulter, damit sie nichts verpaßten; andere hockten am Straßenrand, hielten die Fäden der roten, weißen und blauen Luftballons mit ihren kleinen Fingerchen umklammert und warteten auf den herrlichen Augenblick, in dem der Umzug vorbeiziehen sollte.

Im nahegelegenen Park standen auf rotkarierten Tischtüchern Körbe, gefüllt mit jeder nur denkbaren Art von Leckerbissen und hausgebackenen Pasteten. Bill und sein Cousin hatten die Nummer acht gezogen, als es um die Reihenfolge der Festwagen ging. Aber als sie im Wagen saßen und warteten, hörten sie ein ungewöhnliches Geräusch aus dem Motor, als würde immer wieder ein Kolben aussetzen. Sie krochen nach vorne und entdeckten irgendeine Schwierigkeit im Mechanismus. Und dann, ohne Warnung, explodierte der Motor, und der ganze Festwagen ging in Flammen auf. Bill konnte entkommen, aber als er nach draußen gelangte, kam es ihm mit Entsetzen zum Bewußtsein, daß es seinem Cousin nicht gelungen war, herauszukommen. Er kämpfte sich durch den dichten Qualm und konnte den Cousin in Sicherheit schleppen. Dabei fing jedoch Bills eigene Kleidung Feuer, und er trug ernsthafte Verbrennungen davon. Er wurde von einem Krankenwagen mit großer Eile ins nächste Krankenhaus gebracht, wo er tags darauf starb.

Die ganze Stadt trauerte um Bill. Er war schon immer ein netter Junge gewesen, und alle liebten ihn. Seine Familie wurde von Traurigkeit übermannt; die Kinder konnten nicht verstehen, wieso so etwas gerade ihrem Bruder geschehen konnte.

Als eines Tages mitten im September die Kinder alle in der Schule waren und das Haus still war, nahm Mary ihre viel gelesene Bibel zur Hand und setzte sich nach draußen auf die Veranda in die Sonne. In ihrem Herzen war noch bitterer Schmerz, denn sie trauerte ihrem Sohn unvermindert nach. Seit dem Tag, als es im Festwagen gebrannt hatte, hatte sie keinen Augenblick mehr ihre frühere, innere Ausgewogenheit.

Zum hundertsten Mal, wie es ihr vorkam, schrie sie verzweifelt zu Gott: ,,Warum? Warum gerade mein Bill, Herr? Er war ein so netter Junge.'' Und wie auch sonst nach diesem herzzerreißenden Ruf fing sie unbeherrscht zu schluchzen an. Während aber die Tränen auf die vom vielen Gebrauch abgenutzten Blätter ihrer Bibel hinunterliefen, fühlte Mary, wie sich ihr eine starke Hand auf die Schulter legte. Es stand plötzlich eine mächtige autoritätsvolle und absolut liebevolle Gegenwart neben ihr. Die Hand drückte so fest, daß sie aufhörte, zu weinen. Sie wußte, daß der Augenblick heilig war, und sie wagte kaum noch zu atmen.

Dann durchbrach eine kristallklare Stimme die Stille. ,,Mary, fürchte dich nicht. Deinem Sohn geht es gut. Er ist in diesem Augenblick bei Jesus.''

Zum ersten Mal seit Monaten fing ein warmer Sonnenstrahl an, die kalten Winkel ihres trauernden Herzens zu erwärmen. Die schmerzliche Verzweiflung wurde von Frieden und Stille ersetzt. Sie fühlte, wie ein Same der Liebe ins dürre Erdreich ihrer Seele gepflanzt wurde, und wie aus diesem Samen neues Leben hervorging.

Diese Begebenheit liegt inzwischen mehrere Jahre zurück. Die schmerzliche, offene Wunde, die durch den Verlust ihres Sohnes verursacht wurde, ist geheilt; es ist nur noch eine Narbe übriggeblieben. Mary lernt, daß es meistens keine Antwort gibt auf die verzweifelte, negative Frage: ,,Warum, Herr?'' Auf die positive, das Leben erneuernde Frage: ,,Wie?'' hat Gott aber durchaus eine Antwort. Mary lernt, daß sie fragen soll: ,,*Wie* kann ich diese Tragödie in meinem Leben zu deiner Ehre einsetzen? *Wie* kann ich sie benutzen, um anderen Trost und Ermutigung zu bringen?'' Und das ist der Unterschied. Jetzt lernt sie, daß uns Gott bei jedem Verlust, bei jeder Lebenstragödie begegnet. Er verbindet, die zerbrochenen Herzens sind, und tröstet uns mit seiner Liebe, genauso wie er es verheißen hat. Und immer, wenn eine neue Woge der Trauer sich bedrohlich erhebt und über sie hereinbrechen will, wird sie an jenen Tag erinnert, als ihr auf der sonnigen Veranda eine übernatürliche, stärkende Hand auf die Schulter gelegt und eine Botschaft von der Liebe, des Trostes und der Heilung des Herrn überbracht wurde.

Während des Zweiten Weltkrieges war George Navigator an Bord eines amerikanischen Bombers des Typs B-24 mit Namen „The Liberator" („Der Befreier"). Er war in Italien stationiert. Bei einem bestimmten Bombenangriff flogen sie über Mitteleuropa. Als sie sich dem Zielgebiet näherten, fühlte George eine starke Hand auf seiner Schulter und hörte, wie ihn eine Stimme mahnte: „Steh auf und geh nach hinten."

Er war gerade hinten im Flugzeug, als die angreifenden Maschinen im Zielgebiet vom Boden aus unter Beschuß genommen wurden. Als George zu seinem Platz zurückkehrte, bemerkte er, daß ein sieben cm breites Geschoß ein Loch in die Flugzeugdecke geschlagen hatte. Es war genau durch seinen Navigatorensitz geflogen.

Bis heute ist er sich gewiß, daß Gott ihm einen Engel sandte, um ihn in jenem Augenblick wegzuschicken. Im Laufe der Jahre ist er sich der Hand Gottes in seinem Leben bewußt geblieben, und die Erinnerung an diese Begebenheit hat seinen Glauben und sein Vertrauen zum Herrn gestärkt.

Laura hoffte, die Ereignisse dieses Tages würden sich nie wiederholen. Ihr heranwachsender Enkel war zusammen mit einigen Freunden von der Polizei festgenommen worden. Der Polizeiwagen war mit heulender Sirene durch die stille Straße gefahren und vor dem Eingang des Hauses ihrer Tochter zum Halten gekommen. Anscheinend waren alle Nachbarn gleich ans Fenster geeilt, um zu sehen, was los war. Nachdem die Polizisten wieder fortgegangen waren und Lauras Enkel mitgenommen hatten, waren alle im Haus bestürzt und traurig. Die Mutter und der Vater machten sich große Sorgen um ihren Sohn. Sonst hatten sie keine Probleme mit ihm gehabt. Was war geschehen? Vielleicht sollten sie aus ihrem schönen Haus ziehen und irgendwo anders ein neues Leben beginnen. Dann hätte er wenigstens die Gelegenheit, eine andere Schule zu besuchen und neue Freunde kennenzulernen. Ehe das letzte Licht in jener Nacht ausgeschaltet wurde, wurden viele Tränen vergossen.

Als Laura schließlich auf ihr Zimmer ging, kniete sie sich mit wehem Herzen hin, um für die Familie zu beten. Einige Stunden, nachdem sie dann erschöpft ins Bett gestiegen und eingeschlafen war, wurde sie mit einem Mal geweckt. Ein intensives Licht erfüllte das Zimmer, und ein herrliches, strahlendes Wesen saß am Fußende ihres Bettes. Aus irgendeinem unerklärlichen Grund hatte Laura keine Angst. Dann hörte sie eine Stimme so lieblich wie das Trillern der Nachtigall zu ihr sagen: „Gott liebt deinen Enkel. Sei ruhig und mache dir keine Sorgen. Du sollst ihm die Liebe Gottes vorleben." Und dann war das Licht plötzlich verschwunden, obwohl die von der Herrlichkeit getränkte Atmosphäre blieb.

Sie befolgte die Anweisungen des Engels und entdeckte viele Möglichkeiten, die Liebe Gottes an ihren Enkel weiterzugeben. Es stellte sich heraus, daß er nie wieder in Schwierigkeiten geriet. In den darauffolgenden Jahren entwickelte sich eine liebevolle offenherzige Beziehung zwischen dem Enkel und Laura. Sie sieht dieses Verhältnis als eines der kostbarsten Geschenke ihres Lebens an.

Karl war ernsthaft krank. Er kämpfte schon lange mit einer Krankheit, die beide Nieren angriff. Schließlich meinte der Arzt, die einzige Hoffnung sei eine Operation. Nach der Operation lag Karl einige Tage auf der Intensivstation im Krankenhaus. Er schwebte eine Zeitlang zwischen Leben und Tod. Der Arzt sah sich nicht in der Lage, der Familie zu versichern, daß er leben werde. Er fieberte und litt an einer Entzündung. Manchmal fragte Karl sich, ob er den morgigen Tag noch erleben werde.

Als an einem Nachmittag alle Hoffnung dahin zu sein schien, erfüllte ein strahlendes Licht voller Wärme und Herrlichkeit den Teil der Intensivstation, wo Karl lag. Ihm wurde bewußt, daß ein großer, majestätischer Engel neben seinem Bett stand und eine ungeheure Kraft und Sanftmut ausstrahlte.

Der Engel lächelte und sagte mit klarer, deutlicher Stimme: ,,Karl, du sollst geheilt werden.'' Und plötzlich war die auffallende Gestalt verschwunden.

Karl merkte, wie er wie mit einer federleichten Decke heilender Energie zugedeckt wurde. In dem Augenblick wußte er, daß er geheilt werden würde.

Heute ist er ein erfolgreicher Geschäftsmann, der nie den Engel Gottes vergessen kann, den der Herr mit einer Botschaft der Heilung und der Hoffnung zu ihm sandte.

Evelyn war schon seit vielen Jahren Witwe. Aber nachdem ihre Kinder erwachsen waren und eigene Familien gegründet hatten, schenkte ihr Gott einen wunderbaren Ehemann. Joe war Arzt und hatte zehn Jahre zuvor seine erste Frau verloren. Joe und Evelyn hatten viel gemeinsam und verbrachten viele glückliche Jahre miteinander. Sie bauten sich noch ein wunderschönes Haus mit Ausblick auf das Meer. Sie arbeiteten beide sehr gern im Garten. Sie hatten auch viel Freude beim Reisen und waren Gott sehr dankbar, daß er sie zusammengeführt hatte.

Eines Tages erlitt Joe einen Herzinfarkt; der Arzt riet ihm dringend, nicht so viel zu unternehmen. Aber nach vier Jahren Ruhe stellte sich heraus, daß Joe am Herzen operiert werden müßte. Der Arzt warnte das Paar, er könne nicht garantieren, daß Joe stark genug sei, um eine solche Operation zu überleben. Als Mann und Frau mußten sie sich jetzt entscheiden.

Nachdem sie an jenem Abend eingeschlafen waren, erwachte Evelyn und wurde sich einer machtvollen Gegenwart bewußt, die neben ihrem Bett stand. Einen Augenblick lang glühte es im Zimmer: jeder Winkel wurde von einem allumfassenden Licht durchflutet, das mit einem Gefühl nicht zu unterdrückender Fröhlichkeit einherging. Sie erinnert sich, wie sie dachte: ,,So muß es im Himmel aussehen.'' Sie wußte intuitiv, daß es ein Engel war, der neben dem Bett stand, und es überraschte sie nicht, als er zu ihr sagte: ,,Dein Mann ist stärker, als du denkst. Er ist ein Gotteskind. Fürchte dich nicht.''

Voller Verwunderung weckte sie ihren Mann und sagte ihm, was geschehen war. Nachdem sie die Sache in allen Einzelheiten miteinander besprochen hatten, dankten sie gemeinsam dem Herrn. Als das Gebet zu Ende war, waren sie zu gespannt, um wieder einzuschlafen. Sie spürten, daß der Engel noch bei ihnen war. Eine ehrfurchtgebietende Stille erfüllte den Raum. Und dann war der Engel verschwunden, das Zimmer leise und friedlich. Sie schliefen beide sofort ein.

Eine Woche später ergab eine Untersuchung, daß die beschädigte Schlagader wie von selbst zugewachsen und daß das Blut auf ganz natürlichem Wege umgeleitet worden war. Die beiden verbrachten noch viele wunderbare Jahre miteinander.

Hütet euch davor, einen von diesen Kleinen zu verachten! Denn ich sage euch: Ihre Engel im Himmel sehen stets das Angesicht meines himmlischen Vaters.

Matthäus 18, 10

Als John noch ein kleiner Junge war, lebte er zusammen mit seinen Eltern und seinen fünf Geschwistern in einem großen, alten Bauernhaus im Bundesstaat North Dakota.

Eines Tages mußten Johns Eltern wegen geschäftlicher Angelegenheiten in eine andere Stadt fahren und dort übernachten. Sie beauftragten John damit, auf die Familie aufzupassen. Nachdem die Kinder zu Abend gegessen hatten, gingen sie alle nach oben, um sich auszuziehen und ins Bett zu gehen. Alle Geschwister teilten ein einziges Schlafzimmer. Plötzlich warf John einen Blick auf seinen zweijährigen Bruder und sah zu seinem Entsetzen, daß dieser mit einer brennenden Kerze spielte. Er hielt Streichhölzer in die Flamme und kicherte vor Freude, als er sah, wie sie sich entzündeten. Aber ehe John seinem Bruder zur Seite eilen konnte, kippte die Kerze um, und ein Feuer begann sich auszubreiten. Niemand kann erklären, warum es so geschah, aber die Kinder schauten daraufhin nicht auf das Feuer, sondern zur Tür. Und dort sahen sie einen großen, schönen Engel stehen, der ganz einfach das Feuer auspustete, sich umdrehte und den Raum wieder verließ. Alle Kinder liefen ihm über den Flur hinterher, doch war der Engel auf einmal verschwunden.

Heute sind alle Geschwister verheiratet und haben eigene Kinder. Aber wenn sie sich treffen, unterhalten sie sich oft darüber, wie an jenem kalten Winterabend der Engel das Feuer auspustete.

Gretchens Mann war Richter, Vorsitzender des Jugendgerichts in Denver im Bundesstaat Colorado. Als intelligenter und gleichzeitig barmherziger Mann glaubte er an den Grundsatz, daß eine aufgeschobene Gerichtsverhandlung meistens eine ungerechte Gerichtsverhandlung wird. Seiner

Meinung nach galt das besonders im Falle von jugendlichen Straftätern. Darum bemühte er sich mit allerhöchstem Einsatz um die jungen Menschen, die ihm vorgeführt wurden, und arbeitete oft bis in die Nacht, wenn er ihnen nur helfen konnte. An einem bestimmten Abend kam er in besonders erschöpftem Zustand nach Hause. Er hatte den Eindruck, bald eine Grippe zu bekommen. Jedoch füllten sich einige Tage darauf seine Lungen mit Flüssigkeit, und weil seinem Körper die notwendige Widerstandsfähigkeit fehlte, starb er. Für Gretchen und die drei Kinder war das ein vernichtender Schlag. Zur Beerdigung kamen Verwandte und Bekannte von nah und fern. Die Kirche war überfüllt, so daß einige nur noch in der Vorhalle oder draußen auf dem Rasen Platz fanden. Auch der Gouverneur des Staates Colorado und andere Menschen, mit denen der Richter zusammengearbeitet hatte, kamen, um ihm die letzte Ehre zu erweisen. Vielleicht bestand die größte Anerkennung seines Wirkens darin, daß der Beerdigungsgottesdienst von vielen jungen Menschen besucht wurde, denen der Richter während seiner Amtszeit wieder auf die richtige Bahn geholfen hatte.

Im Laufe der folgenden Monate wurde Gretchen, die sich mit traurigem Herzen den neuen Verhältnissen anpassen mußte, von einer einzigen Sorge gequält: Wie würde sie es schaffen, ihre Kinder ohne die starke und liebevolle Hand des Vaters zu erziehen? Die beiden Mädchen sollten demnächst auf die Mittelschule gehen. Gretchen verstand, welchen Versuchungen sie in diesen sittlich verkommenen Zeiten ausgesetzt sein würden. Der sechsjährige Sohn war zwar noch ein fröhlicher kleiner Schelm, doch wußte Gretchen aus der Erfahrung mit der Arbeit ihres Mannes, daß auch ihn Fallen erwarteten. Wie wäre es möglich, in der heutigen Welt als alleinstehende Mutter drei Kinder zu erziehen?

An einem Sonntag im späten September gingen Gretchen und die Kinder nach dem Gottesdienst zu Fuß nach Hause. Es war ein sonniger Tag, wie das in Colorado so oft der Fall ist. Die Luft war zwar kalt, doch sehr klar. Die Gipfel der majestätischen Rocky-Mountains ragten in das glänzende Blau eines wolkenlosen Himmels hinauf. Die spätblühenden Blumen erfüllten die Luft mit ihrem süßen Herbstduft. Gretchen entschloß sich, an diesem schönen Tag die Kinder zu fotografieren; sie wollte später aus einem der Bilder Weihnachtskarten anfertigen lassen, die sie an ihre Bekannten schicken könnte. Die Haare wurden schnell gebürstet, dann war alles fertig. Sie ließ ihren Sohn in der Mitte stehen, eine Tochter zu jeder Seite. Während Gretchen die drei schönen Kinder betrachtete, konnte sie ihre Tränen kaum noch zurückhalten. Wie kostbar waren sie ihr geworden, und wie schlimm, daß auch sie den Enttäuschungen und Verletzungen dieses Lebens ausgesetzt werden müßten.

Einige Wochen später holte Gretchen die fertigen Bilder vom Entwicklungslabor ab. Alle Bilder waren sehr gut geworden. Es fiel ihr recht schwer, eines davon für die Weihnachtskarte auszuwählen. Aber — Augenblick, was war hier los? Auf einem der Bilder stand eine große, majestätische Gestalt hinter den Kindern! Ihre Arme waren ausgebreitet, als ob sie die Kinder beschützen wollte. Schnell sah sich Gretchen alle Bilder noch einmal an, um erkennen zu können, ob diese Gestalt auch auf einem der anderen Bilder erschien. Aber das war nicht der Fall. Was war das aber für eine Gestalt? Etwa ein Engel? Sie nahm die Bilder wieder mit zum Fotogeschäft und zeigte sie dem Mann, der sie entwickelt hatte. Aber auch er konnte diese Gestalt nicht erklären. Auch auf dem Negativ war sie deutlich zu erkennen. Als Gretchen dann das Bild ihrem Pfarrer in der Gemeinde zeigte, lächelte er fröhlich und sagte: „Jetzt haben Sie ein Bild vom Schutzengel der Kinder."

Von jenem Tag an wußte Gretchen genau, daß sie die Kinder doch nicht ganz allein erziehen mußte. Ihre Angst und ihre Sorgen wurden nun von Frieden und Gottvertrauen verdrängt. Sie wußte, daß Gott selbst in der Lage war, ihr die nötige Weisheit und Liebe zu verleihen, um die Kinder richtig zu erziehen. Ihre Kraft erwuchs aus der Gewißheit, daß sie alle vom Schild Gottes umgeben waren und daß er die ganze Familie vor dem Bösen bewahren würde. Ihr Glaube war auch nicht vergeblich. Die Familie ist sehr gesegnet. Beide Mädchen studieren inzwischen an einer Hochschule, ihr Sohn erreicht demnächst seinen Mittelschulabschluß. Alle drei gehen dem Leben mit einer freudigen Ausstrahlung entgegen. Sie lernen es, nicht nur mit den Höhepunkten des Erfolgs, sondern auch mit den Anfechtungen des Lebens fertig zu werden. Am wichtigsten ist, daß sie alle drei durch persönlichen Glauben an den lebendigen Gott gestärkt sind. Sie wissen um seine schützende und liebevolle Hand, die sie durchs Leben leitet.

An einem heißen Tag im Sommer des Jahres 1900 trug sich auf einem Bauernhof im Norden des Bundesstaates Georgia Folgendes zu: Der vierjährige Ernest ging zusammen mit seiner Mutter aufs Feld, um Stroh zu sammeln. Auf vielen Morgen Land, soweit das Auge reichte, wuchs das Gras höher als Ernests Kopf.

Er arbeitete den ganzen Vormittag neben seiner Mutter, und erst als die Sonne heiß und er selbst sehr hungrig wurde, schaute er von seiner Arbeit auf, um seiner Mutter sein Leid zu klagen. Aber sie war nicht mehr da. Ernest fing an, zwischen den Reihen hohen Grases hin und her zu laufen und ihren Namen rufen; aber er konnte sie nirgends entdecken. Auf einmal bekam er große Angst, weil er sich verlaufen hatte und nicht mehr wußte, wie er aus dem hohen Gras hinauskommen sollte. Er setzte sich auf die Erde hin und fing an zu weinen. Und plötzlich sah er seine Mutter. Sie hielt ihm ihre Hand hin und sagte zärtlich: „Komm, laß uns nach Hause gehen!"

Als sie aber am Hause ankamen, stand Ernests besorgte Mutter auf der Veranda.

„Wo bist du denn gewesen, Sohn?" fragte sie.

Ernest, dessen Tränen inzwischen getrocknet waren, erwiderte: „Ich habe mich verlaufen, bis du kamst und mich holtest."

„Aber ich bin nicht gekommen", antwortete die Mutter überrascht. „Da ich dich nicht finden konnte, dachte ich, du wärest schon nach Hause gegangen."

Es geschah an einem kalten Tag im Herbst in Neuengland. Der fünfjährige Bobbie spielte mit seinem Ball. Dieser rollte dann auf die Straße und in einen Kanalisationsschacht. Er liebte den großen blauen Ball und wollte ihn nicht so gern verlieren, darum fing Bobbie an, hinter dem Ball her in den Schacht zu steigen. Aber am Eingang stand ein riesiger, weißer Engel, der ihm den Weg versperrte. Der Engel schüttelte einfach mit dem Kopf und sagte: „Nein!"

Heute ist Bob ein erfolgreicher Geschäftsmann, doch erinnert er sich an das Erscheinen seines Schutzengels so gut, als wäre es gestern geschehen.

Folgende Geschichte ist eine ganz besondere, denn sie wurde meinem Mann und mir erzählt, als wir eines Tages in Chicago waren und uns sehr entmutigt fühlten. Unsere Missionsgesellschaft hatte uns gebeten, vom farbenfrohen Bundesstaat Colorado nach Illinois zu ziehen. Bei unserer Suche nach einem vernünftigen Haus, das wir uns auch leisten konnten, lernten wir Kirk kennen, einen erfolgreichen christlichen Makler. Nachdem wir den ganzen Vormittag damit zugebracht hatten, ein Haus zu suchen, aßen wir mit

ihm zusammen Mittag in einem netten Restaurant. Dann erzählte er uns folgende Begebenheit. Als er die Geschichte beendete, mußte er mit seinem großen, weißen Taschentuch die Tränen von seinen Augen abwischen. Aus dieser schönen Geschichte erkennen wir, wie sehr sich Gott um seine kleinen Kinder sorgt.

Kirk war acht Jahre alt, als die Weltwirtschaftskrise ihren Tiefpunkt erreichte. Er hatte mehrere jüngere Geschwister, und es fiel seinem Vater schwer genug, sie alle zu ernähren. Jeden Samstag hatte Kirk die Aufgabe, mit der von seiner Mutter vorbereiteten Einkaufsliste und seinem roten Einkaufswagen zum Laden an der Ecke zu gehen und dort die wöchentlichen Einkäufe zu tätigen. Seine Mutter gab ihm dann immer zur Bezahlung zehn Dollar mit. Da zu dieser Zeit das Geld so knapp war, war dies eine verantwortungsvolle Aufgabe, die Kirk aber im Bewußtsein des ihm entgegengebrachten Vertrauens ausführte.

An einem Samstagvormittag steckte ihm seine Mutter die zehn Dollar in die Jackentasche und schickte ihn los, nicht ohne ihn zu warnen, nur das zu kaufen, was auf der Einkaufsliste stand. Als Kirk seinen Einkaufswagen mit den notwendigen Lebensmitteln gefüllt hatte, ging er damit zur Kasse, um zu zahlen. Aber als er dann in seine Jackentasche langte, konnte er das Geld nicht finden! Verzweifelt durchsuchte er alle Taschen. Dann zog er sich sogar Schuhe und Strümpfe aus, weil er dachte, er könnte das Geld dort zur Sicherheit untergebracht haben. Er schaute unter seiner Mütze nach und überall, wo das Geld hätte sein können, aber es war alles vergeblich. Von Panik ergriffen, fing er an zu weinen. Ihm blieb nichts anderes übrig, als den Wagen mit den Lebensmitteln im Geschäft stehen zu lassen und nach Hause zu gehen, um seiner Mutter die traurige Wahrheit mitzuteilen. Sie war sehr ärgerlich und aufgebracht, aber auch sie konnte das Geld nicht finden, obwohl sie jede Tasche mehrmals durchsuchte.

Da er wußte, daß die Familie in der nächsten Woche nicht viel zu essen bekäme, stieg Kirk in den Keller hinunter und weinte bitterlich. Während er aber vor sich hinschluchzte, hörte er, wie eine entschlossene aber gütige Stimme seinen Namen rief. Gleichzeitig verspürte er eine durch und durch liebevolle Gegenwart.

„Kirk, schau einmal in deiner Jackentasche nach."
Welch eigenartige Aussage! Er hatte schon alle Taschen viele Male durchsucht. Der Inhaber des Ladens und seine Mutter hatten das gleiche getan. Aber trotzdem gehorchte er der Stimme und schaute wieder in seiner Jackentasche nach. Und dort fand er die zehn Dollar.

Niemand weiß, wie der Schein dahin kam. Heute ist Kirk mehr als 60 Jahre alt, doch hält er jenen Augenblick für eines der hervorragendsten Ereignisse seines Lebens. Wenn er entmutigt wird, denkt er an jenen Tag zurück und an die Liebe des Gottes, der die verzweifelten Rufe eines kleinen Jungen erhörte und einen Engelboten sandte, um ihm zehn Dollar in die Tasche zu stecken.

Erik war drei Jahre alt und blieb einige Tage bei seinen Großeltern, während seine Eltern Urlaub machten.

Eines Morgens wachte er auf und fing an, über Ohrenschmerzen zu klagen. Er hatte Fieber, und ihm tat der ganze Körper weh. Die Großmutter rief beim Arzt an, konnte aber erst für 19 Uhr einen Termin vereinbaren. Erik schrie die ganze Zeit über und wollte, daß ihn die Großmutter auf den Arm nehme. Es sah so aus, als würde der Tag für sie beide sehr lang werden.

Später am gleichen Morgen legte die Großmutter Erik auf einen Teppich im Wohnzimmer mit einigen seiner Spielsachen, und zwar in der Hoffnung, diese würden ihn eine

Zeitlang von seinen Schmerzen ablenken. Selbst ging sie in ihr Schlafzimmer, um zu beten. Sie bat Gott, beim kleinen Erik zu sein und seine Engel als Spielgefährten zu ihm zu schicken.

Als sich die Großmutter später in der Küche aufhielt, kam Erik aus dem Wohnzimmer zu ihr hereingelaufen und rief: „Oma! Oma! Komm und schau dir die Engel an!" Er sagte ihr, er habe fünf Engel gesehen, die getanzt und grüne Kleider anhatten.

Es hatte sich noch nie jemand mit dem kleinen Erik über Engel unterhalten, und als er später von anderen Erwachsenen befragt wurde, weigerte er sich, irgendetwas an seiner Geschichte zu ändern. Er *wußte* was er gesehen hatte!

Als er später an jenem Abend vom Arzt untersucht wurde, stellte dieser fest, daß beide Ohren entzündet waren. Aber die Schmerzen waren weg und das Fieber verschwunden.

Als Janet ins Bett gehen wollte, ging sie am Zimmer ihres Babys vorbei und hielt kurz inne, wie sie es jeden Abend tat, um für das schlafende Kind zu beten. Als sie aber ins Kinderzimmer hineinging, sah sie ganz deutlich, wie zwei mit perlenweißem Glanz umkleidete Engel an der Wiege des Kindes standen. Sie strahlten irgendwie eine ansteckende Freude und eine sanfte Ruhe aus. Der Anblick war so unerwartet, daß Janet stehenblieb , um diesen erstaunlichen Augenblick wahrzunehmen. Als sie dann aber doch auf die Wiege zuging, verschwanden die Engel, sie hinterließen jedoch ganz eindeutig eine von Liebe und Freude geprägte Atmosphäre.

Als kleines, fünfjähriges Mädchen spielte Eva draußen in den Mohnfeldern des sonnigen Staates Kalifornien. Plötzlich stand ein unvergleichlich schöner Engel mitten in der Blumenpracht. Er war anders als alle Engel, die sie auf Bildern gesehen und sich vorgestellt hatte. Um ihn war ein heller Glanz wie aus Sonnenstrahlen. Er hatte den allersüßesten Gesichtsausdruck, und das kleine Mädchen wußte sofort: Das ist mein Schutzengel! Sie überkam ein unwiderstehliches Verlangen, dieses wunderschöne Wesen zu umarmen, doch streckte sich der Engel nach ihr aus und schloß sie liebevoll in seine Arme.

Eva eilte nach Hause, um ihrer Mutter von dem schönen, strahlenden Engel zu erzählen, den sie eben auf der Wiese gesehen hatte. Aber ihre Mutter war gerade mit Arbeiten beschäftigt und antwortete bloß: „Ja, ja."

Enttäuscht ging Eva wieder nach draußen und entdeckte auf der Veranda im warmen Sonnenschein ihre alte deutsche Großmutter, die still im Schaukelstuhl saß. Sie stieg zur Großmutter auf den Schoß und erzählte ihr von dem schönen Erlebnis, das sie an jenem Morgen gehabt hatte. Während Eva redete, flossen die Tränen über das faltige Gesicht der Großmutter. Sie drückte Eva an sich und wollte jede Einzelheit hören.

Als Eva atemlos ihre erstaunliche Geschichte beendet hatte, sagte die Großmutter: „Eva, vergiß diesen Augenblick nie! Wir haben alle einen Schutzengel, aber die wenigsten Menschen dürfen ihn in diesem Leben schauen. Denke daran, daß dieser Engel immer bei dir sein wird."

Eva war recht dankbar dafür, daß die Großmutter sie verstand und ihrer Geschichte Glauben schenkte. Sie wußte, daß ihr die Oma die Wahrheit gesagt hatte, und von jenem Tag an hatte sie nur selten Angst vor der Dunkelheit oder dem Alleinsein.

Als sie größer wurde, mußte sie mit vielen Schwierigkeiten fertig werden. Es gab Zeiten, da sehnte sie sich danach, den Engel wiederzusehen, doch entdeckte sie, daß es unmöglich ist, einem Engel den Befehl zu geben, sich sichtbar zu machen. Und im Laufe der Zeit lernte sie, daß sie sich nicht auf einen Engel, sondern auf Jesus verlassen muß. Und doch verließ sie nie das Gefühl der Freude und des Staunens nach dem längst vergangenen Erlebnis auf Kaliforniens sonnigen Mohnfeldern.

Eines Abends brachte Sharon ihren jüngsten Sohn Tommy ins Bett. Nachdem sie ihm aus seinem Lieblingsbuch eine Geschichte vorgelesen und mit ihm gebetet hatte, war der vierjährige Tommy immer noch unruhig und bat seine Mutter, da zu bleiben, da er vor der Dunkelheit Angst habe. Sharon versicherte ihm, daß Gott seine Kinder durch Schutzengel bewahrt. ,,Ich nehme an'', sagte sie, ,,daß wahrscheinlich in diesem Augenblick einer im Raum ist, um auf dich aufzupassen, wenn du schläfst.''

Nach einigen Augenblicken des Schweigens sagte dann Tommy mit beunruhigter Stimme: ,,Aber, Mutti, ich möchte, daß jemand *mit Haut* aufpaßt!''

Petrus wurde also im Gefängnis bewacht. Die Gemeinde aber betete inständig für ihn zu Gott.

In der Nacht, ehe Herodes ihn vorführen lassen wollte, schlief Petrus, mit zwei Ketten gefesselt, zwischen zwei Soldaten; vor der Tür aber bewachten Posten den Kerker. Plötzlich trat ein Engel des Herrn ein, und ein helles Licht strahlte in den Raum. Er stieß Petrus in die Seite, weckte ihn und sagte: Schnell, steh auf! Da fielen die Ketten von seinen Händen.

Der Engel aber sagte zu ihm: Gürte dich, und zieh deine Sandalen an! Er tat es. Und der Engel sagte zu ihm: Wirf deinen Mantel um, und folge mir! Dann ging er hinaus, und Petrus folgte ihm, ohne zu wissen, daß es Wirklichkeit war, was durch den Engel geschah; es kam ihm vor, als habe er eine Vision. Sie gingen an der ersten und an der zweiten Wache vorbei und kamen an das eiserne Tor, das in die Stadt führt; es öffnete sich ihnen von selbst. Sie traten hinaus und gingen eine Gasse weit; und auf einmal verließ ihn der Engel.

Apostelgeschichte 12, 5—10

Lettland ist ein bildhübsches Land, das zwischen der Ostsee und Rußland liegt. In diesem Land gibt es einen Überfluß von duftenden Wäldern, plätschernden Bächen und hügeligen, von Blumen übersäten Weiden. Aber im Jahre 1940 wurde dieses stolze kleine Land von den Russen überfallen und zu einem kommunistischen Staat gemacht.

Rudolf war ein junger, eifriger Lehrer und ein lettischer Patriot. Im Jahre 1942 wurde er eines Tages zu Hause abgeholt und „aus politischen Gründen" in das Konzentrationslager Daugavdils eingesperrt. Das Leben im KZ war öde und freudlos; auf sinnlose, leere Tage folgten kalte, schwarze Nächte. Aus den Wochen wurden bald Monate, und Rudolf sehnte sich nach dem Tag, an dem sich seine Zellentür auftun würde und er wieder ein freier Mann wäre. Während der langen, endlosen Nächte dachte er oft daran, wie die Vögel draußen in den Sommermonaten die Landschaft mit ihrem Trillern erfüllten und wie der frische Klee im warmen Sonnenschein duftete. Ob jemals ein Tag käme, an dem er frei wäre, diese einfachen Freuden wieder zu genießen?

Als er schon sechs Monate im Gefängnis war, schwanden alle Hoffnungen auf seine Befreiung dahin. Als er eines Nachmittags in seiner Zelle saß, stützte er seinen Kopf in die Hände und fing an zu beten: „Gibt es noch eine Hilfe, Herr? Gibt es noch eine Hoffnung?"

Plötzlich durchflutete ein blendendes Licht die Zelle, und es schien sich eine Mauer des Lichts vor ihm hinzustellen. Obwohl er die Sonne seit mehr als sechs Monaten nicht mehr gesehen hatte, tat ihm die plötzliche Helligkeit keineswegs weh. Mitten in der Mauer aus weißem Licht erschien dann in deutlichen, schwarzen Buchstaben die Botschaft: „23. September."

Dann hörte Rudolf, wie eine entschlossene Stimme sagte: „An diesem Tag wirst du frei. Sage niemandem etwas davon!" Diese Worte klangen in seinem Herzen wie ein Lied, das neue Hoffnung brachte.

Dann wurde die Zelle mit einem Mal dunkler, als wäre

eine Wolke vor die Sonne geschwebt; dann war das Licht weg. Rudolf befand sich wieder in der kalten Dunkelheit seiner Zelle. Nur gab es jetzt doch einen Unterschied. Anstelle der bitteren Verzweiflung in seinem einsamen Herzen war jetzt eine stille Wärme zu ihm durchgedrungen. Ihn umgab der Friede Gottes, und er wußte sich geborgen und geliebt. Es waren noch sechs Wochen bis zum 23. September, aber ein kleiner Glaubenssame war in seine Seele hineingelegt worden, und dieser gab ihm jetzt Mut und Kraft. Seinen Zellengenossen erzählte er von dem Erlebnis nicht, weil er befürchtete, einer von ihnen könnte ein Spion sein.

Endlich kam der heiß ersehnte Tag. Wenn jemand aus diesem Gefängnis befreit wurde, dann geschah das immer um zehn Uhr morgens. Doch zehn Uhr kam und ging, ohne daß die versprochene Freiheit gewährt wurde. Aber um 14 Uhr (die gleiche Zeit, in der er sechs Wochen zuvor seine Vision gesehen hatte), tat sich die Zellentür schwungvoll auf, und die Stimme eines Wachpostens durchdrang die Finsternis: „Rudolf Matiss, suchen Sie sich Ihre Habe zusammen, und kommen Sie mit ins Büro!" Ohne weitere Erklärungen wurde ihm sein Paß ausgehändigt, und er hörte die Worte: „Sie sind frei, Sie dürfen gehen!"

An jenem Nachmittag verließ er das Konzentrationslager; als er durch die Tore ging, wärmte die herbstliche Sonne sein Gesicht und eine leichte Brise erfüllte ihn mit dem frischen Hauch der Freiheit.

Seit 40 Jahren feiert Rudolf den 23. September in ganz besonderer Weise. Er gedenkt jenes Tages mit einem tiefen Seelenfrieden, der ihn in all den Jahren nie verlassen hat.

Am silbernen Strand von Hawaii schien die Sonne besonders hell. Es duftete nach Salz und Meeresfrische. Der goldene Sonnenschein bestrahlte die Erde und erwärmte sie.

David war Mitarbeiter bei „Jugend mit einer Mission". Er verbrachte einen Tag am Strand mit seiner Familie. Als es Nachmittag wurde, ging seine Frau mit den Kindern nach Hause; aber David entschloß sich, noch eine Weile zu bleiben und zu schlafen. Um etwa drei Uhr wurde die Brandung stärker, und es entwickelte sich im Wasser eine starke Rückströmung. Das Meer wurde stürmisch und dunkel, und die Wellen schlugen höher, bis sie drei Meter und mehr erreichten, was nichts Gutes ahnen ließ. Die Menschen beeilten sich, so schnell wie möglich aus dem Wasser herauszukommen.

David schlief ruhig am Strand, aber plötzlich wachte er auf und war sofort munter, was für ihn beim Aufwachen keinesfalls normal ist! Da er sich aber fragte, warum er so munter sei, schaute er hinaus auf die Brandung — und sah, wie sich eine junge Mutter verzweifelt in die tosenden Wogen stürzte. Und er erkannte, wie draußen — außerhalb des Bereiches, wo die Wellen hereinbrachen — ein winziger Kopf sich im Wasser auf- und abbewegte. Er raste ins Wasser, um zu helfen. Da er im Surfing Experte war und schon recht viel Zeit im Wasser verbracht hatte, wußte er genau, wie er mit den Brechern fertig werden mußte und was zu tun war. Als er die junge Mutter und ihr kleines Mädchen erreichte, kämpften diese ohnmächtig gegen die Strömung. David meinte, noch nie einen entsetzteren Blick gesehen zu haben als den, den er jetzt in den Augen dieser jungen Mutter erkannte. Er packte das kleine Mädchen und schrie aus voller Kehle, er werde die junge Mutter auch gleich holen. Bei diesen donnernden Wellen und gegen die rückläufige Strömung gab es überhaupt keine Möglichkeit, beide auf einmal zu retten.

Etwa zur gleichen Zeit kam Ruth, die ebenfalls bei „Jugend mit einer Mission" arbeitete, zum Wasser herunter, um nach ihrem Sohn zu schauen, der im Sand spielte. Ein Nicht-schwimmer, der sich in der Nähe aufhielt, wies Ruth auf die ertrinkende Frau hin und sagte: „Die Frau braucht Hilfe, doch ich kann nicht schwimmen."

Mit kräftigen Stößen schwamm Ruth der sinkenden Mutter entgegen. Aber als sie die Frau erreichte, machten es ihr die hohen Wellen und die Rückströmung unmöglich, ihr zu helfen. Es kämpften beide gegen die Wellen und rangen nach Luft, und es sah bald aus, als würden sie alle beide untergehen. Aber gerade im kritischen Augenblick tauchte hinter ihnen ein Mann mit einer roten Badehose auf. Er mußte sehr plötzlich gekommen sein, denn Sekunden zuvor war niemand in der Nähe zu sehen. Mit starken Armen hob er die Frau auf und trug sie an den Strand. Sanft stellte er sie auf den Sand, dann half ihr die zurückgeschwommene Ruth, zu ihrer Tochter zu gehen. Die Frau drehte sich dann um, um sich bei dem Mann zu bedanken, doch war er nirgends mehr zu sehen. Am ganzen Strand konnte niemand den Mann mit der roten Badehose finden.

Später fuhren David und Ruth die Frau mit ihrer kleinen Tochter nach Hause. Die Mutter dankte ihnen immer wieder dafür, daß sie ihnen das Leben gerettet hatten. Sie erwähnte, wie stark und fest die Arme des Mannes waren, der sie aufgehoben hatte, und wie geborgen sie sich gefühlt hatte, als er sie an den Strand trug. Als sie dann bei ihr zu Hause ankamen, ging die Frau ins Haus und holte ein Bild, das ihre Tochter am vorigen Sonntag in der Sonntagsschule gemalt hatte. Sie wollte David und Ruth gern das Bild zeigen. Auf dem Bild waren mit blauem Wachsstift eine Mutter mit ihrem Kind gemalt. Sie standen am Strand. Und mit ihnen war ein Mann mit einer roten Badehose, der sie an der Hand hielt. Am letzten Sonntag hatte die Mutter ihre Tochter gefragt, was das wohl für Menschen wären, die sie gemalt hatte. Die Tochter hatte daraufhin geantwortet: „Das sind du und ich, Mutti, und der Mann mit der roten Badehose, das ist Jesus."

An einem Sommertag fuhr Bo mit drei Freunden in einem kleinen Boot aufs Meer. Es entstand ganz plötzlich ein Sturm. Der Himmel wurde dunkel, der Wind böig. Blitzstrahlen zerrissen den Himmel. Die Wellen schlugen höher und höher, bis das Boot kenterte und die Freunde im Wasser voneinander getrennt wurden. Bo fing an, auf die Küste zuzuschwimmen, doch konnte er seinen Kopf nicht über Wasser halten. Immer wieder sank er und mußte nach Luft ringen. Je verzweifelter er kämpfte, desto weiter wurde er von der Küste fortgetrieben. Je energischer er sich abmühte, desto öfter sank er. Ihn überkam eine Panik, und er meinte, es nie bis zur Küste schaffen zu können.

Dann, wie aus dem Nichts, kam ein Taucher vorbeigeschwommen, der Bo mit Armen so stark wie Granit an den Strand schleppte. Als Bo sich umdrehte, um sich zu bedanken, war niemand da. Am gleichen Strand, etwa 50 Meter entfernt, fand Bo seine drei Freunde alle wohlauf. Nur das Boot war verloren.

Diana, eine junge gläubige Studentin, verbrachte die Sommerferien zu Hause. Eines Abends hatte sie Freunde besucht, und die Zeit war schnell vorbeigegangen, während sie ihre Erlebnisse aus dem vergangenen Jahr miteinander austauschten. Schließlich blieb Diana viel länger, als sie geplant hatte, und mußte allein nach Hause gehen. Obwohl sie zu Fuß war, hatte sie keine Angst, weil die Stadt ohnehin klein und ihre Wohnung nur wenige Straßenecken entfernt war. Als sie unter den hohen Ulmen entlangging, betete Diana zu Gott, er möge sie vor Unfällen und Gefahren bewahren. Als sie das Gäßchen erreichte, das ihr den Weg zur Wohnung abkürzte, entschloß sie sich, dort entlangzugehen.

Als sie jedoch schon die halbe Gasse hinter sich gebracht

hatte, bemerkte sie einen Mann, der am Ende des Weges stand und so aussah, als würde er nur auf sie warten. Sie wurde unruhig und sandte ein Stoßgebet zum Himmel, indem sie Gott um Schutz bat. Sofort wurde sie von einem Gefühl der Ruhe und der Geborgenheit umgeben. Sie merkte unverkennbar, daß jemand mit ihr ging. Als sie das Ende der Gasse erreichte, konnte sie unbehelligt an dem Mann vorbeigehen und ohne weitere Probleme ihre Wohnung erreichen.

Am nächsten Tag las sie in der Zeitung, daß ein junges Mädchen in der gleichen Gasse vergewaltigt worden war, und zwar erst 20 Minuten, nachdem sie selbst dort gewesen war. Diana meinte, sie würde den Mann eventuell wiedererkennen können und meldete sich im Polizeirevier, wo sie ihre Geschichte erzählte. Die Polizisten hatten schon jemanden in Verdacht und baten sie, den Mann bei einer Gegenüberstellung zu identifizieren. Das konnte sie dann sofort. Sie bat den Polizisten aber, dem Mann für sie eine Frage zu stellen, denn sie wollte gern wissen, warum er sie nicht angegriffen hatte.

Als der Polizist die Frage stellte, antwortete der Mann: „Weil sie nicht allein war. Zwei starke Männer gingen an ihrer Seite.''

Frau Engholm lebte zusammen mit ihrem Mann in einem kleinen Gästehaus in einem Avocadoanbaugebiet in Kalifornien. Vom Haus aus hatten sie einen Ausblick auf eine friedliche, wie mit einem Teppich von wild wachsenden Blumen bedeckte Wiese. Eines Tages wurde ihr Mann sehr krank. Schon bald darauf wurde er, während die Familie an seiner Seite stand, in die Gegenwart des lebendigen Gottes, den er liebte und dem er gedient hatte, abberufen.

Einige Tage nach seinem Tod wachte Frau Engholm mit

einem schrecklichen Gefühl der Unruhe auf. Sie mußte unbedingt allein sein und dachte, es würde ihr vielleicht gut tun, aufs Land zu fahren. Als sie ins Auto stieg, hatte sie keine klaren Vorstellungen, wo sie hinfahren wollte. Sie wußte nur, sie konnte es keinen Augenblick länger im Hause ertragen. Es war ein besonders schöner und sonniger Tag, und bald befand sie sich auf einer ihr sonst unbekannten Straße, die sie nach einer Zeit an einen hübschen, von blauen Bergen umringten See führte.

Als sie saß und die friedliche Landschaft beobachtete, kam es ihr ins Herz, durch die warme Wiese und bis ans Ufer des Sees zu gehen. Dort fand sie einen Felsen in der Sonne, auf dem sie sitzen konnte, um die Schönheit der göttlichen Schöpfung zu genießen. Sie betete nicht und dachte auch nicht an irgendetwas Besonderes. Sie saß einfach da und gewährte dem Duft des Sommers in ihren schmerzenden, trauervollen Geist Einlaß. Und mit einem Mal war ihr so, als wäre der Himmel einen Spalt geöffnet und die Luft mit einer erstaunlichen Spannung erfüllt worden. Sie fühlte, wie eine warme, liebevolle Gegenwart hinter ihr stand.

Dieses mächtige Wesen teilte ihr eine spezielle Botschaft über ihren Rücken mit. Sie litt schon seit vielen Jahren an Osteoarthritis des Rückens. Die Wirbel hatten sich verschoben, und das Reiben der Knochen aneinander verursachte unerträgliche Schmerzen. Aber das Engelwesen teilte ihr mit, es finde jetzt in ihrer Wirbelsäule eine Fusion statt; sie werde stärker werden, der Rücken werde ganz geheilt. Als die himmlische Gegenwart verschwand, blieb sie lange Zeit am friedlichen See und ließ den stillen Ernst des Augenblicks tief in ihr Herz hineinsinken.

Schließlich kehrte sie erfrischt und erneuert zum Auto zurück und fuhr nach Hause. Anstelle der Ruhelosigkeit und der Trauer des Vormittags verspürte sie jetzt Trost und eine erwartungsvolle Spannung.

Mehrere Monate danach zeigten Röntgenaufnahmen, daß im Rücken tatsächlich eine Fusion stattgefunden hatte. Und bald verbrachte sie zum ersten Mal seit Jahren eine schmerzfreie Nacht. Heute ist ihr Herz mit großer Freude erfüllt, wenn sie an die Heilungsverheißung zurückdenkt, die Gott ihr durch einen Engelboten überbringen ließ.

In den nächsten drei Geschichten hören wir von einer unsichtbaren Gegenwart, die ausgesandt wurde, um einen Menschen bei einem Sturz zu schützen.

Jans Traum war zur Wirklichkeit geworden. Sie war als Gruppenleiterin für das Jugendsommerlager „Beyond Malibu" in den schneebedeckten Bergen oberhalb der Princess-Louise-Bucht in Britisch-Kolumbien gewählt worden. Während einer längeren Pause zwischen zwei Freizeiten machten Jan und zwei andere Gruppenleiterinnen einen Ausflug in die Berge, wo sie einen neuen Wanderweg entdecken wollten. Als sie am Ziel ankamen, gingen sie auseinander und suchten alle in verschiedenen Richtungen. Normalerweise hätten sie das nicht machen dürfen, aber sie meinten, es wäre diesmal nicht so schlimm, da sie alle ziemlich nahe beieinander bleiben wollten.

Der Schnee lag sehr tief, und da, wo Jan wanderte, war es steil und rutschig. Plötzlich verlor sie ihr Gleichgewicht, vergaß, wie wichtig es in den Bergen ist, sich mit beiden Füßen und mindestens einem Arm zu stützen, und streckte sich mit beiden Armen nach einem Ast aus. Diesen verfehlte sie jedoch, fiel daraufhin hart auf den Rücken, was Übelkeit in ihr hervorrief, und rutschte dann bergabwärts. Als sie immer schneller wurde, bemerkte sie mit hilflosem Entsetzen, daß sie schnurstracks auf den Rand eines jähen Abgrunds zurutschte. Mehr als 1000 Meter darunter lag die Bucht. Es gab aber keine Möglichkeit, anzuhalten — es gab nichts, was sie im vorbeirauschenden Weiß hätte fassen können, um sich festzuhalten.

Sie rief mit lauter Stimme: „Gott, laß mich bitte nicht sterben!"

Und gerade als sie den Rand des Abgrunds erreichte, spürte sie eine mächtige Gegenwart vor sich. Dieses kraftvolle Wesen bremste sie ab und schob sie weg vom Rand des Abgrunds an eine Stelle, die etwa fünf Meter entfernt war.

Als die anderen beiden Führerinnen sie entdeckten, konnten sie genau sehen, wo Jan gefallen war. Die Spuren ihres Rutsches waren im Schnee eindeutig zu erkennen. Aber genau am Rande des Abgrundes machte die Spur einen Knick um 90 Grad und setzte sich bis an die Stelle fort, wo Jan jetzt lag. Beim Sturz hatten sie sich zwar den Rücken gebrochen, doch war sie binnen weniger Monate gesund und konnte anfangen, den Herrn dafür zu preisen, daß er ihr im rechten Augenblick einen Engelboten geschickt hatte.

Der Tag, auf den Janie und ihre Familie so sehnsüchtig gewartet hatten, war endlich gekommen. Heute konnten sie ihr neu gebautes Haus beziehen. Der einzige Teil des Hauses, der noch nicht fertiggestellt war, war die große Wendeltreppe mitten im Flur. Die Bauarbeiter hatten ein Gerüst stehen lassen, von dem aus sie ihre Arbeit vervollständigen wollten. Dieses stand um die Wendeltreppe und reichte etwa viereinhalb Meter über den Fußboden.

Als an jenem Tag der Möbelwagen fortfuhr, kam eine gute Freundin von Janie vorbei, um zu sehen, ob sie irgendwie beim Umzug helfen könne. Sie bemerkte das hohe Gerüst und die Wendeltreppe, die noch ohne Geländer war. Daraufhin nahm sie Janie beiseite und fragte sie, ob sie ein Gebet zum Schutz der Familie sprechen dürfe, da die Treppe noch nicht fertig sei. Janie war zu dieser Zeit noch nicht sehr lange bekehrt, und es wäre ihr nicht eingefallen, für so etwas zu beten. Doch sah sie die Notwendigkeit eines Gebetes ein, und zusammen baten sie Gott, die gefährliche Baustelle zu überwachen.

In der nächsten Woche spielte Janies fünfjährige Tochter „Superman". Sie hatte dazu ihren Superman-Anzug mit einem großen „S" am Vorderteil angezogen. Ihr kam das hohe Gerüst wie der ideale Ort vor, von dem aus sie jemanden retten könnte. Furchtlos trat sie bis in die Mitte und fühlte sich dabei sehr tapfer. Aber als sie dann hinunterschaute, überkam sie Angst; sie verlor das Gleichgewicht und fiel vom Gerüst.

Janie hörte nur, wie ihre Tochter verzweifelt schrie: „Mutti, Hilfe!" und drehte sich rechtzeitig um, um zu sehen, wie ihre Tochter vom Gerüst stürzte. Aber plötzlich reichten starke, unsichtbare Arme aus dem Nichts, fingen das kleine Mädchen auf und legten es vorsichtig auf ihren Rücken auf den Fliesenfußboden.

Janie erinnerte sich daran, wie wichtig es sei, jemanden nach einem Sturz oder einem ernsthaften Unfall nicht zu bewegen. Sie lief zum Telefon und rief beim Krankenhaus an. Als die Feuerwehr und die Krankenwagenbesatzung ankamen, konnten sie nicht glauben, daß das kleine Mädchen nicht verletzt war. Sie hatte keine gebrochenen Knochen, nicht einmal einen Kratzer oder eine Prellung.

In den Jahren seit dieser Begebenheit sind Janie und ihre Tochter dem Herrn viel näher gekommen. Sie haben viele Verheißungen aus dem Wort Gottes auswendig gelernt. Aber die Verheißung, die ihnen stets vor Augen bleibt, lautet: „Denn er befiehlt seinen Engeln, dich zu behüten auf allen deinen Wegen."

Beim Umbau ihres Hauses hatten sich Jeanine und Greg größte Mühe gemacht. Sie wollten, daß die Wohnung ihre Persönlichkeit und ihre Interessen widerspiegele. Zu den letzten Arbeiten gehörte die Entfernung der Tür, die die Küche vom Wohnzimmer trennte. Dadurch wurde es leichter, von einem Raum in den anderen zu gehen. Sie vergaßen jedoch, auch die kantigen Scharniere zu entfernen, die am Türrahmen herausragten.

Es geschah dann an einem stillen Nachmittag. Jeanine schaute liebevoll und gleichzeitig amüsiert zu, während ihre kleine Tochter Gehversuche machte. Diese nahm immer wieder tapfer einige Schritte, fiel dann aber hin. Nach einigen Versuchen dieser Art wollte sie dann durch die Tür gehen, die zur Küche führte; doch stolperte sie über die metallene Leiste, mit der der Teppich am Rand befestigt war. Und in dem Augenblick ging etwas höchst Interessantes vor sich. Als das Baby sein Gleichgewicht verlor und zu fallen anfing, sah es so aus, als würde es genau mit dem Auge am herausragenden unteren Scharnier aufprallen. Jeanine versuchte natürlich, ihre Tochter zu erreichen, ehe sie das Auge verletzte, war jedoch nicht nahe genug, um das Kind aufzufangen. Doch beim Fallen stieß das Baby auf einen starken, unsichtbaren Widerstand, so daß es nicht mit dem Auge gegen das Scharnier stieß, sondern wieder rückwärts geworfen wurde und auf seinem gut gepolsterten Hinterteil landete.

Jeanine lief hinzu und nahm das Kind auf den Arm. In dem Augenblick war sie überzeugt, daß sich ein Schutzengel ausgestreckt hatte, um das Kind davor zu bewahren, sich das Auge zu verletzen.

„Danke, Jesus", flüsterte sie, „daß du deine Engel schickst, um auf diese Kleinen aufzupassen."

Mich erfreute ganz besonders die Einfalt einiger der schönen Ge-
schichten, die mir mitgeteilt wurden. In ihnen zeigt sich deutlich,
daß Gott sich um jeden Augenblick unseres Lebens kümmert.
Was wir erleben und was wir tun, ist ihm stets wichtig. Auch fol-
gende Geschichte macht uns klar, daß Gott in den kleinen Dingen
des Lebens auf uns aufpaßt.

Marquerite wachte mitten in der Nacht auf. Ihr war
übel. Da sie aber ihren Mann nicht stören wollte, stieg sie
rasch aus dem Bett und ging über den dunklen Flur ins Badezimmer. Sie hatte vor, eine Aspirin zu schlucken, damit ihr
besser würde. Als sie jedoch am Waschbecken stand, wurde
ihr mit einem Mal schwindelig, und sie fiel um. Ihr letzter
Gedanke war: ,,Ich werde bestimmt mit dem Kopf am
Waschbecken aufprallen.''

Einige Augenblicke später kam Marquerite zu sich. Nicht
nur war sie *nicht* mit dem Kopf gegen das Waschbecken gefallen, sondern zu ihrem eigenen Erstaunen lag sie jetzt ganz
ausgestreckt auf dem Fußboden, als hätte sie jemand aufgefangen und dort hingelegt. Sogar ihr Nachthemd war ihr
sorgfältig um die Fußgelenke gelegt. Ein Gefühl des Friedens
umgab sie, als befände sie sich mitten im Regenbogen. Dieser
Friede füllte jeden Teil ihres Wesens mit Musik aus. Als sie
ins Bett zurückging, wurde sie vom Frieden begleitet; sie
legte sich wieder hin und schlief sofort ein. Die unverkennbare Stille blieb mehrere Tage lang bei ihr. Das schöne Erlebnis möchte Marquerite in ihrem Gedächtnis aufbewahren.

Sharon und Doug hatten schon drei prächtige Kinder im
Alter von 14, 12 und 10 Jahren; und Sharon, die selbst 40
war, rechnete jeden Tag mit der Geburt ihres vierten Kin-

des. Die neun Monate des Wartens waren für die ganze Familie kostbar gewesen. Alle freuten sich unwahrscheinlich auf die Ankunft des neuen Babys.

Sharon und Doug hatten es sich zur Gewohnheit gemacht, jeden Tag zwei bis drei Kilometer weit spazieren zu gehen. Meistens gingen sie Hand in Hand und führten ihren kleinen, grauen Terrier an der Leine mit. Eines Nachmittags gingen sie gerade in der Nähe ihrer Wohnung einen Abhang hinunter und hielten sich nicht mehr die Hand, da sie freudig beobachteten, wie der Hund aufgeregt neben ihnen her lief. Plötzlich trat Sharon auf einen größeren Stein, knickte mit dem Fuß um und fiel hin. Normalerweise wäre sie zu Boden gestürzt und den Abhang hinunter gerutscht. Aber jetzt merkte sie, wie sie von zarten Händen aufgefangen und auf die Straße hingelegt wurde. Ein derart liebevolles, entspannendes Gefühl hatte sie noch nie erlebt. Als Doug versuchen wollte, sie aufzufangen, lag sie schon hingestreckt zu seinen Füßen. Für die schwangere Frau und ihr ungeborenes Kind hätte der Sturz sehr gefährlich werden können. Doch war sich Sharon einer absoluten Stille bewußt, und weder sie selbst noch das Baby trugen irgendeinen Schaden davon.

Sharon glaubt, daß es ihr Schutzengel war, der sie an jenem Tag so sanft auf die Straße hinlegte. Gott kümmerte sich ganz besonders um sie und um das kleine, neue Leben, das in ihr war.

,,Darauf befahl der König, Daniel herzubringen, und man warf ihn zu den Löwen in die Grube. Der König sagte noch zu Daniel: Möge dein Gott, dem du so unablässig dienst, dich erretten. Und man nahm einen großen Stein und wälzte ihn auf die Öffnung der Grube. Der König versiegelte ihn mit seinem Siegel und den Siegeln seiner Großen, um zu verhindern, daß an der Lage Daniels etwas verändert würde.

Dann ging der König in seinen Palast; fastend verbrachte er die Nacht; er ließ sich keine Speisen bringen und konnte keinen Schlaf finden. Früh am Morgen, als es gerade hell wurde, stand der König auf und ging in Eile zur Löwengrube. Als er sich der Grube näherte, rief er mit schmerzlicher Stimme nach Daniel und fragte: Daniel, du Diener des lebendigen Gottes! Hat dein Gott, dem du so unablässig dienst, dich vor den Löwen erretten können? Daniel antwortete ihm: O König, mögest du ewig leben. Mein Gott hat seinen Engel gesandt und den Rachen der Löwen verschlossen. Sie taten mir nichts zuleide; denn in seinen Augen war ich schuldlos, und auch dir gegenüber, König, bin ich ohne Schuld. Darüber war der König hoch erfreut und befahl, Daniel aus der Grube herauszuholen. So wurde Daniel aus der Grube herausgeholt; man fand an ihm nicht die geringste Verletzung, denn er hatte seinem Gott vertraut.

Daniel 6, 17—24

Es geschah an einem Winterabend in einer kleinen Stadt in Ohio. Es schneite gerade, und die 19jährige Laurie war dabei, der Bibliothekarin zu helfen, alle Bücher in die neue Gemeindebücherei hereinzutragen. Beide waren so sehr mit ihrer Arbeit beschäftigt, daß sie es versäumten, auf die Uhr zu schauen. Bald war es nach 11 Uhr, und Laurie mußte schnell rennen, damit sie noch mit dem letzten Bus nach Hause fahren konnte.

Sie verabschiedete sich von den beiden anderen Mädchen, die mithalfen, zog ihren Mantel eng um sich, klappte den Kragen hoch, um ihre Ohren warm zu halten, und trat in die kalte Nacht hinaus.

Als sie den Bus erreichte, bemerkte sie sofort, daß sie der einzige Fahrgast war. An einem solchen Abend waren die meisten Leute zu Hause in der warmen Wohnung geblieben. Als der Bus ein heruntergekommenes Viertel erreichte, hielt er an, und ein schlampig angezogener Mann stieg ein. Er schaute sich Laurie mit lüsternem Blick an, setzte sich dann ihr gegenüber und versuchte, sich mit ihr zu unterhalten. Laurie bekam es mit der Angst zu tun und betete, daß er aussteigen möchte, bevor der Bus ihre Haltestelle erreichte; aber er tat es nicht.

Endlich kam der Bus an ihrer Straßenecke an, und sie stand auf, um vorne auszusteigen. Zu ihrem Entsetzen merkte sie, daß der Mann durch die hintere Tür ausstieg. Als der Bus wegfuhr und sie allein in der Dunkelheit stehen ließ, betete sie verzweifelt zu Gott um Hilfe. Der Mann fing an, auf sie zuzugehen, doch sah sie in dem Augenblick und zu ihrer äußersten Überraschung einen schönen, weißen Hund, der majestätisch neben der Bushaltestelle stand, als würde er auf sie warten. Der Hund war ein Dalmatiner und muß gut 200 Pfund gewogen haben. Sobald sie den Bus verlassen hatte, kam das prächtige Tier zu ihr und begleitete sie, bis sie zu Hause angekommen war.

Der Mann folgte ihr einen halben Block weit nach, dann drehte er sich um und ging in die andere Richtung. Der

Hund begleitete Laurie bis zur Treppe vor ihrer Wohnung, dann war er auf einmal verschwunden.

Am nächsten Tag fragte Laurie alle Nachbarn, wer wohl einen solchen Hund besitze, doch wußte niemand Bescheid. Laurie hat ihn auch nie wieder gesehen.

Susan war damals ein kleines, zehnjähriges Mädchen. Sie lebte im Bundesstaat North Carolina und besuchte eine christliche Schule. Dort lernte sie zu beten und wurde täglich im Glauben an Jesus Christus erzogen. Sie kam zum Glauben und erkannte, daß er sie ganz besonders lieb hat.

Als sie eines Tages zusammen mit einigen Freundinnen im Garten mit dem Ball spielte, rollte der Ball über die Straße. Susan lief so schnell sie irgend konnte hinterher und sah nicht, wie aus der anderen Richtung ein Auto kam. Plötzlich merkte sie, wie sie aufgehoben wurde, in der Luft schwebte und ganz sanft auf der anderen Straßenseite bei einem Nachbarn im Garten wieder auf die Erde gestellt wurde. Mit quietschenden Bremsen hielt das Auto an, und ein Mann und eine Frau sprangen heraus, um nachzusehen, ob sie verletzt war. Alle waren überwältigt, als sie entdeckten, daß Susan gar keinen Schaden genommen hatte. Das Ehepaar erzählte dann allen Leuten, die sich auf dem Rasen versammelt hatten, wie Susan vor ihren Augen hoch in die Luft und über ihren Wagen gehoben worden sei.

Obwohl Susan heute verheiratet ist und eigene Kinder hat, hat sie jenen warmen Sommertag nicht vergessen, an dem Gott einen Schutzengel beauftragte, sie zu retten. Dieses Wissen hat sich im Laufe der Jahre als Quelle geistlichen Segens herausgestellt.

Während des Zweiten Weltkriegs war Marilyns Mann Jim in der Infanterie. Seine Einheit rückte nach Deutschland vor. Es waren damals für alle Menschen schwere Zeiten angebrochen, aber für eine junge Frau war es besonders furchtbar, denn sie mußte täglich damit rechnen, eines der befürchteten Telegramme von der US-Regierung zu empfangen.

Marilyn war bei der Lockheed-Aircraft beschäftigt und arbeitete als Nieterin innerhalb der Flügel von großen Bombern. Als sie sich eines Vormittags fertig machte, um zur Arbeitsstelle zu fahren, klingelte es an der Tür. Sonst kam niemand so früh, und Marilyns Herz pochte vor Angst, als sie die Tür aufmachte. Am Straßenrand war ein amtlicher Regierungswagen geparkt, auf der Veranda stand ein Mann, der eine makellose Uniform trug. Sein Gesichtsausdruck war traurig und doch gütig, und er überreichte ihr ein Telegramm. Sie riß den Umschlag auf und las die vielsagenden Worte: „Wir müssen Ihnen bedauerlicherweise mitteilen, daß ihr Mann als vermißt gemeldet wurde." Das war alles. Nicht erwähnt wurde, wie oder wo es passiert war.

Aus den Wochen wurden Monate, und Marilyn lernte, ihre gefolterten Gefühle zu meistern. War ihr Mann tot — oder litt er in der Hölle eines Konzentrationslagers? Als sie eines Abends auf den Knien lag und für Jim betete, fing sie an, qualvoll zu weinen.

„Ach, Herr", schluchzte sie, „es ist so schwer, daß ich nicht einmal weiß, ob mein Mann tot ist oder noch lebt. Wenn ich nur irgendeine bestimmte Nachricht hätte, könnte ich schon alles ertragen."

Sofort wurde das Zimmer von einer glänzenden Gegenwart erfüllt. Jemand stand hinter ihr. Sie *wußte* es, sie *fühlte* es — und war wie von Angst gelähmt. Sie wollte sich umdrehen, doch drang in dem Augenblick eine Stimme durch die Stille.

„Fürchte dich nicht. Dreh dich nicht um."

Zu ihrer eigenen Überraschung löste sich die Furcht, und es kehrte Ruhe bei ihr ein. Sie blieb in der Gegenwart dieses herrlichen Wesens und ließ sich von Wogen des Friedens umhüllen, die wie ein silbriger Nebel von ihm ausgingen. Eine kristallklare Stimme sagte zu ihr: „Du wirst es am 13. April erfahren." Und dann war das Engelwesen verschwunden.

Zwei Wochen später, genau am 13. April, erhielt Marilyn eine Postkarte mit der Handschrift ihres Mannes. Er teilte ihr mit, er sei in Sicherheit. Er war während einer entscheidenden Schlacht, in der Hunderte von Soldaten getötet wurden, gefangengenommen worden und befand sich jetzt in einem Gefangenenlager in Deutschland. Nach dem Krieg konnte Jim unversehrt in die Heimat zurückkehren.

Die enge Bergstraße schien aus einer endlosen Reihe von Haarnadelkurven zu bestehen. Jean und ihre Familie hatten Urlaub und fuhren in ihrem Kabriolett durch den großartigen Rocky Mountains National Park. Zum Glück hatten sie das Verdeck geschlossen, da es an jenem Morgen etwas geregnet hatte, aber sie hatten oben am Wagen keine Schutzstangen.

Mit einem Mal kam aus der Gegenrichtung ein großer LKW und fuhr direkt auf sie zu. Der LKW-Fahrer hupte wild, und die Familie mußte den Eindruck gewinnen, die Bremsen des LKWs seien nicht in Ordnung. Um einem Frontalzusammenstoß auszuweichen, scherte Jeans Mann scharf nach links aus, aber er verlor dann die Gewalt über den Wagen, der von der Straße stürzte und den Abhang hinunterrollte. Der Wagen schlug gegen riesige Felsbrocken, wurde jedoch nicht zerschmettert, sondern stieß gegen immer neue Felsen, als wären es Wolken. Das Innere vom Wagen wurde mit einer unverkennbaren Gegenwart des Friedens erfüllt. Niemand schrie. Die Insassen waren wie in eine schützende Decke gehüllt; es kam ihnen vor, als würde der Wagen eher schweben als fallen. Schließlich blieb er liegen, allerdings auf dem Dach. Der Wagen war nur noch ein Wrack, aber die Familie trug keinen einzigen Kratzer davon.

Im Krankenhaus war es auf dem Flur sehr leise. Die Besuchszeiten waren vorbei, der letzte Patient hatte sich wieder ins Bett begeben. Auch Barbara lag im Bett, denn sie war ernsthaft erkrankt. Ihre Freunde hatten sich im Laufe der letzten Tage abgelöst, damit sie nicht allein bleiben mußte. Jeden Abend nach dem Abendbrot kam ihr Mann und saß fast die ganze Nacht bei ihr.

Eines Abends kam der Arzt in das verdunkelte Zimmer, um sie noch einmal zu untersuchen, bevor er nach Hause ging. Als er fertig war, bat er ihren Mann, mit ihm auf den Flur zu kommen. Barbara hörte, wie der Arzt dann sagte, sie könne nicht mehr als einen oder zwei Tage leben. Es gebe anscheinend keine Hoffnung mehr.

Aber in jener Nacht wurde Barbara von einem gedämpften Licht geweckt, das die Dunkelheit durchdrang. Sie fühlte, wie eine Gegenwart ihren ganzen Körper zudeckte: Füße auf ihren Füßen, Hände auf ihren Händen, Kopf auf ihrem Kopf. Es fühlte sich an, als würde sie in eine weiche, lebendige Decke eingehüllt. Danach schlief sie ein und hatte tiefen Frieden.

Am nächsten Morgen erwachte sie mit einer Freude in ihrem Herzen, die sie nicht erklären konnte. Dann erinnerte sie sich an die Gegenwart, die sich in der Nacht geoffenbart hatte, und rief nach einer Krankenschwester, die feststellen sollte, ob sich ihr Zustand geändert habe.

Am nächsten Tag schon wurde Barbara aus dem Krankenhaus entlassen. Das geschah vor zwölf Jahren. Seitdem ist sie nie wieder krank gewesen.

Im Bundesstaat South Carolina entstehen manchmal besonders heftige Gewitter. Lillians Haus steht an einer sonst freien Straßenecke und wird verhältnismäßig oft vom Blitz getroffen. Während der meisten Gewitter sammelt sich die Familie im Erdgeschoß, um zu warten, bis alles wieder vorbei ist.

Eines Morgens braute sich in dieser Gegend ein außerordentlich heftiges Gewitter zusammen. Der Himmel wurde vom Blitz erleuchtet, die Donnerschläge hörten sich wie Explosionen an. Lillian dachte, es sei das schlimmste Gewitter, das sie jemals miterlebt habe. Sie lief schnell nach oben, um ihre kleine Tochter zu holen und in den Keller hinunterzubringen. Aber das Kind war in der letzten Nacht erkrankt und, wie Lillian jetzt entdeckte, eben erst eingeschlafen. Die fürsorgliche Mutter entschloß sich, sich lieber neben ihre Tochter hinzulegen und zu beten, daß das Gewitter bald vorbei sein möge. Anstatt jedoch aufzuhören, wütete der Sturm immer heftiger; die Blitze schienen die Luft zu zerreißen; es krachte und donnerte auf allen Seiten. Eine kalte Furcht bemächtigte sich Lillians und ließ sie erneut zu Gott um Schutz beten.

Augenblicklich nahm Lillian mitten im Sturm eine plötzliche Ruhe wahr. Diese Ruhe erfüllte den Raum, und eine starke, autoritätsvolle Hand schien sie und ihre Tochter zu berühren. Dann wurden sie und das kleine Mädchen von unsichtbaren Armen umschlossen. Lillian fühlte sich in diesem Augenblick absolut geborgen und wußte sich ganz ruhig. Auf der anderen Seite der Wand, neben der sie lagen, schlug bald darauf ein Blitz ein; aber weder Lillian noch ihre Tochter kamen zu Schaden.

Lillian ist auch heute noch überzeugt, daß Gott eigens einen Engel beauftragte, mit schützenden Armen ihr und ihrer Tochter mitten im Sturm Geborgenheit zu schenken.

Heidis Mutter war Witwe und mußte mehrere Kinder allein großziehen. Um den Lebensunterhalt zu verdienen und die Familie zusammenzuhalten, arbeitete sie täglich mehrere Stunden und strengte sich sehr an. Nach den langen Tagen in der Stadt an ihrer Arbeitsstelle kam sie stets erschöpft nach Hause, doch half sie dann trotzdem bei der Zubereitung des Abendbrotes und brachte die Kinder ins Bett. Selbst fiel sie oft nachts todmüde ins Bett, doch nie ohne sich zuvor hingekniet zu haben, um für die Kinder zu beten.

Als sie eines Nachts beim Beten den Namen „Heidi" erwähnte, fühlte sie, wie sie von einer starken Hand an der Schulter gepackt wurde und wie eine mächtige Gegenwart neben ihr stand. Das Engelwesen teilte ihr mit, daß Heidi große Schmerzen und viel Leid erdulden, jedoch in allem den Sieg behalten würde. Dann war die schöne Gestalt verschwunden. Zu dieser Zeit war Heidi 14 Jahre alt; und etwa ein Jahr lang dachte die Mutter in ihrem Herzen über diese Botschaft nach. Aber da alles gut zu gehen schien, vergaß dann auch sie die geheimnisvollen Worte.

Kurz bevor Heidi das Abitur machte, erkrankte sie an Röteln, und daraus wurde dann Enzephalitis (Schlafkrankheit). Es folgten für Heidi mehrere Jahre des Krankseins und des Schmerzes. Heidis Gehirn schwoll an, ihre Drüsen funktionierten nicht mehr. Sie lag nur Tag um Tag, Jahr um Jahr regungs- und bewegungslos im Bett. Außerdem nahm sie rapide zu und wog bald 250 Pfund, so daß ihre Mutter sie beinahe nicht mehr pflegen konnte.

Nachdem die Mutter zwei Jahre lang jeden Pfennig gespart hatte, nahm sie ihre Tochter mit in die Klinik nach Mayo, wo sie zehn Tage lang intensiv untersucht wurde. Nach Abschluß aller Tests sagte der Arzt mit gütiger, jedoch entschlossener Stimme, daß man Heidi für den Rest ihres Lebens in eine Pflegeanstalt bringen müsse. Es seien Gehirn und Drüsen zerstört.

Damit konnte aber die Mutter nie einverstanden sein. Sie fuhr Heidi nach Hause und verbrachte eine ganze lange

Nacht unter Tränen im Gebet. Am folgenden Abend sammelte sie ihre Kinder um sich und teilte ihnen mit, was die Ärzte gesagt hatten. Da sie sich an die Worte des Engels, die ihr vor so vielen Jahren überbracht wurden, erinnerte, bat sie die Kinder, mit ihr zusammen für Heidi ein Gebet der Übergabe an Gott zu sprechen. Sie wußte, es war alles Menschenmögliche für Heidi getan worden; jetzt blieb ihnen nur noch übrig, sie ganz der liebenden Fürsorge des himmlischen Vaters anzubefehlen. Sie war überzeugt, daß Gott von ihr erwartete, sie solle weiterhin an die Worte des Engels glauben. Darum betete sie an jenem Abend mit ihren Kindern.

Auf dieses Gebet hin litt Heidi zehn Tage lang an inneren Blutungen, danach aber fing sie an, sich zu erholen. Innerhalb von sechs Monaten konnte sie gehen, sprechen und sich an die Vergangenheit erinnern. Es vergingen noch einige Monate, da konnte sie schon Fahrrad fahren und schwimmen gehen. Innerhalb eines Jahres nahm sie 100 Pfund an Gewicht ab und fing wieder an, selbst zu kochen und sogar zu lachen. Im Alter von 23 Jahren heiratete sie einen Jugendfreund, und heute hat sie drei wunderschöne Kinder. Nachdem diese Kinder alt genug waren, um in die Schule zu gehen, studierte Heidi weiter und wurde sogar staatlich anerkannte Krankenschwester. In der Prüfung erhielt sie lauter Einsen.

In Heidis Familie wird oft von der warnenden, aber Hoffnung machenden Botschaft gesprochen, die vor so vielen Jahren von einem Engel überbracht wurde. Alle freuen sich über das Wunder der Heilung in Heidis Leben.

Der zweijährige Mark ging an einem Sonntag nach dem Gottesdienst bzw. nach der Sonntagsschule zum Parkplatz. Plötzlich stolperte er jedoch an einer niedrigen Betonmauer und fiel hin. Der Sturz war nicht ernsthaft, doch hatte er ihm so viel Angst eingeflößt, daß er zu weinen anfing. Als seine Mutter zu ihm herüberrannte, um ihn aufzuheben, sah sie, wie ein Mann schneller da war, der Mark sanft aufrichtete. Einen Augenblick lang wischte er Mark die Tränen ab und unterhielt sich mit ihm. Er war ganz besonders freundlich zu ihm und strahlte Liebe und Erbarmen aus.

Als Marks Mutter sich umdrehte, um sich bei dem Mann zu bedanken, war niemand da. Der Gedanke schoß ihr sofort in den Kopf, daß es sich bei dem Mann um einen Engel — um Marks Schutzengel — gehandelt haben mußte. Sie fragte sich, warum der Herr wegen einer solchen Kleinigkeit einen Engel geschickt hatte, aber dann erinnerte sie sich an den Vers: ,,Dein Wille geschehe wie im Himmel, so auf der Erde." Sie dachte bei sich selbst: ,,So wird Gottes Wille getan — mit Liebe."

Mutter und Sohn gingen an jenem Tag mit dem Gefühl nach Hause, einen nie zu vergessenden Blick in die Herrlichkeit Gottes getan zu haben.

Manchmal sprach Gott in biblischer Zeit dadurch zu seinen Knechten, daß er ihnen im Traum einen Engel sandte. Dann überbrachte der Engel stets eine bestimmte Botschaft von Gott, wie in der folgenden Begebenheit:

Pat ist ein hingegebener junger Pfarrer mit einer großen Liebe zu den Menschen und einer übersprudelnden Lebensfreude. Diese Lebensfreude widerspiegelt sich in seiner Beziehung zu seiner Frau und zu seinem Sohn. Vor einigen Jahren, ehe er verheiratet war, mußte Pat die wichtige Lektion lernen, daß es keine Vergebung ohne ein gleichzeitiges Vergessen geben kann.

Nach seiner Bekehrung fand es Pat am schwierigsten, seinen neuen Glauben an Jesus Christus auszuleben, wenn er zu Hause mit seiner jüngeren Schwester war. Sie hatte ebenfalls zum Glauben gefunden, aber beide benutzten oft ihren gegenseitigen Glauben als Grund, das Verhalten des anderen zu kritisieren. Pat war überzeugt, es sei seine höchste Berufung, seine Schwester zu verurteilen; und dieser Aufgabe ging er mit Eifer nach!

Nachdem er sich eines Abends in besonders beunruhigender Weise mit ihr auseinandergesetzt hatte, träumte er, daß seine Schwester irgendeine ganz schlimme Sünde begangen hätte. Zwar konnte er sich nicht mehr daran erinnern, um was für eine Sünde es sich handelte, doch wußte er, wie zufrieden er war, weil er sie ertappt hatte. Mit echten Tränen der Buße bat ihn seine Schwester um Vergebung. Pat versprach ihr, daß er ihr vergeben würde, doch fühlte er sich selbstgerecht und stolz, weil er in der Beziehung die Oberhand behalten hatte. Und an dieser Stelle in seinem Traum erschien ein herrlicher Engel mit Augen wie flammende Sterne. Der Engel fragte Pat, ob er denn bereit sei, seiner Schwester zu vergeben. Von dieser außerordentlichen, mächtigen Gestalt überwältigt, antwortete Pat leise: „Ja." Aber dann stellte ihm der Engel eine Frage, die seitdem einen tiefgreifenden Einfluß auf sein Leben und seinen geistlichen Dienst ausgeübt hat: „Bist du bereit, ihr so zu vergeben, *als wäre alles nie geschehen?"*

Die Worte des Engels prägten sich unauslöschlich in sein Gedächtnis. Und obwohl er vor neun Jahren diesen Traum hatte, ist ihm heute die Botschaft genauso klar, als hätte er sie erst gestern abend empfangen. Wenn er als Pfarrer Seelsorge treibt oder auch selbst verletzt wird, kommt ihm die Engelbotschaft immer deutlich in den Sinn:

„Willst du so vergeben, als wäre alles nie geschehen?"

Als der Diener des Gottesmannes am nächsten Morgen aufstand und hinaustrat, hatte die Truppe die Stadt mit Pferden und Wagen umstellt. Da sagte der Diener zu seinem Herrn: Wehe, mein Herr, was sollen wir tun? Doch dieser sagte: Fürchte dich nicht! Bei uns sind mehr als bei ihnen! Dann betete Elisa: „Herr, öffne ihm die Augen, damit er sieht. Und der Herr öffnete dem Diener die Augen: Er sah den Berg rings um Elisa voll von feurigen Pferden und Wagen.

2. Könige 6, 15—17

Luiz Carols wuchs in der Großstadt Sao Paulo in Brasilien auf. Als Heranwachsender übergab er sein Leben dem Herrn Jesus Christus. Nach vielen Jahren des Studiums schloß er Kurse an der Universität und an einem theologischen Seminar ab. Luiz hatte eine Bürde, die Menschen im Inneren Brasiliens mit der Botschaft von Jesus Christus zu erreichen, und zog mit seiner ganzen Familie in ein Dorf in der Nähe des Dschungels.

Im Laufe der Jahre wurden viele Menschen in diesem Dorf gläubig. Dadurch wurden jedoch die Menschen im Nachbardorf auf die Christen böse, denn wegen ihres neuen Glaubens wollten diese keine Götzenbilder mehr kaufen. Die Leute aus dem Nachbardorf gelobten feierlich, über den Paß zu kommen und alle Christen im Dorf zu töten.

Die Menschen in Luiz' Dorf versammelten sich zum Gebet, als sie von der Gefahr hörten. Danach vergingen Tage, dann Wochen — aber die Menschen vom anderen Dorf kamen nicht. Nach mehreren Monaten kam der Häuptling aus dem kriegerischen Dorf und wollte sich mit dem Bürgermeister unterhalten. Die Leute aus Luiz' Dorf versammelten sich um ihn und fragten, warum er doch nicht mit seinen Leuten gekommen sei, um sie zu bekriegen.

Der Häuptling bekannte, mit seinen Kriegern bis an den Paß vorgedrungen zu sein. Plötzlich hätten sie sich jedoch einem großen Heer von Soldaten mit gezückten Schwertern und weißen Pferden gegenübergesehen. Aus Angst seien sie dann umgekehrt und nach Hause geflüchtet.

Im September des Jahres 1971 waren Robbie, ein Angehöriger des US-Militärs, der im Clark-Luftwaffenstützpunkt in Manila stationiert war, Henry, ein Missionar, und Tim, dessen ältester Sohn, von Manila auf den Philippinen nach San Miguel zur Funkstation der Marine gereist, wo sie einen

Gottesdienst für die dort stationierten gläubigen Marinesoldaten abhielten. Tagsüber und die ganze Nacht hindurch regnete es. Als sie am nächsten Morgen aufstanden, um zum Clark-Luftwaffenstützpunkt zurückzufahren, regnete es immer noch. Die Rückreise über die Berge und durch die überschwemmten Täler war mühsam. Die Straßen waren voller Schlaglöcher, die sich mit Wasser gefüllt hatten und das Fahren zu einem gefährlichen Abenteuer machten. Nach einiger Zeit erkannten sie, daß es zwecklos war weiterzufahren und hielten in einem kleinen, sehr dreckigen Dorf an. Tim mußte unbedingt sofort zum Luftwaffenstützpunkt zurück und entschloß sich, über die schlammige Straße zu waten und auf einen Bus zu warten. Robbie und Henry blieben in ihrem eigenen Fahrzeug, einem Kleinlaster. Da sie unterwegs so oft hatten aussteigen müssen, um den Wagen durch den Schlamm zu schieben, waren sie beide durchnäßt. Drinnen im Auto war auch alles naß, und sie waren ziemlich entmutigt.

Abends, etwa um 9 Uhr, fuhren sie dann zu einer Tankstelle, die die ganze Nacht geöffnet hatte, weil sie meinten, dort einigermaßen sicher zu sein. Sie fragten, ob sie bis zum nächsten Morgen den Wagen stehen lassen dürften. Sie waren kalt und müde und hatten großen Hunger. Als sie sich gerade bereit machten, sich auf die nassen Sitze hinzulegen, um zu schlafen, klopfte es am Fenster. Robbie kurbelte das Fenster hinunter und fragte den Besucher, was er suche. Der Mann bot ihnen einige Mädchen an. Sie sagten ihm, sie seien Christen und hätten daran gar kein Interesse. Daraufhin bot der Mann ihnen einige Jungen an. Als auch dieses Angebot abgelehnt wurde, wurden der Mann und sein Begleiter wütend. Sie gingen um den Wagen, traten heftig gegen ihn und riefen, daß sie zurückkommen würden. Robbie wandte sich an Henry und sagte: „Bruder, ich habe Angst. Was sollen wir tun?"

„Es gibt nicht viel, was wir tun können", meinte Henry und versuchte, seine Sorgen zu verbergen. „Laß uns einfach die Türen fest verschließen und dann versuchen, zu schlafen. Wir können uns doch auf Gott verlassen, daß er sich um uns kümmert."

Nachdem sie miteinander gebetet hatten, legte sich Robbie auf den Rücksitz, Henry auf den Vordersitz hin. Es dauerte nicht lang, da schliefen sie beide.

Die Nacht ging vorbei, der Morgen kam. Die Sonne schien, es hatten beide großen Hunger. Henry sagte Robbie, er wolle herausbekommen, wo sie essen könnten. Er stieg aus und ging, um die Eigentümerin der Tankstelle zu fragen, wo sie Lebensmittel kaufen könnten.

Sie erwiderte: „Sie können um die Ecke gehen, wenn Sie wollen, und in der Bäckerei meines Vaters Backwaren besorgen. Aber das ist eigentlich nicht notwendig, denn ich habe hier schon für Sie gesorgt." Auf dem kleinen Ofen bruzelte es schon, und ein kleiner Tisch war für sechs Personen gedeckt.

„Holen Sie doch Ihre Freunde, dann können Sie hier essen", sagte sie.

„Aber wir sind nur zu zweit hier", antwortete Henry.

„Wo sind denn die anderen?" fragte sie. „Man sagte mir, es wären sechs Amerikaner hier."

Henry schaute etwas verwirrt drein und sagte: „Ich weiß gar nicht, wovon sie reden; wir sind wirklich nur zu zweit da. Ich gehe und hole meinen Freund her."

Die Eigentümerin erzählte ihnen, die Arbeiter, die die Tankstelle nachts offen hielten, hätten vier Männer gesehen, die mit verschränkten Armen die ganze Nacht über in ihrem Kleinlaster gesessen hätten.

„Sie dachten, es müßten Reisegefährten sein", erklärte sie. Dann rief sie die Nachtarbeiter herbei, die das alles willig bestätigten.

Henry und Robby waren überwältigt. Während sie geschlafen hatten, war ihr Wagen von Engeln bewacht worden!

John ist heute Flugzeugpilot, war aber früher Inhaber eines Waffengeschäfts. Dieses Geschäft befand sich in einem kleinen, recht abgelegenen Stadtviertel. John war sich der vielen Probleme bewußt, die entstehen können, wenn man ein Waffengeschäft besitzt, und eines Tages bat er seinen Pastor und einen der Ältesten der Gemeinde, einmal herüberzukommen, um Gott für das Geschäft um Schutz zu bitten. Er fragte, ob sie nicht beten könnten, daß die Menschen, die bei ihm Waffen kauften, sie nicht für böse Zwecke benutzen würden. Sie sollten Gott bitten, das Geschäft vor allem Bösen zu bewahren.

Eines Tages kam ein sehr rauh aussehender Mann herein und wollte eine Pistole kaufen. John fiel auf, daß er von mehreren ebenfalls rauh aussehenden Männern begleitet wurde, die draußen vor dem Geschäft auf ihren Motorrädern hin und her fuhren. Er gewann den Eindruck, der Mann verfolge mit dem Erwerb einer Waffe keine guten Absichten, und lehnte es ab, ihm überhaupt etwas zu verkaufen. Der Mann wurde daraufhin sehr böse und ging fort. Am nächsten Tag aber kam er mit einem sehr kräftigen Kumpel, und die beiden fuhren auf ihren Motorrädern fast den ganzen Tag auf dem Parkplatz hin und her. Offensichtlich wollten sie John einschüchtern. John betete zu Gott, er möge seine Engel senden, um ihn zu beschützen. Nachdem die Männer ihn mehrere Stunden lang belästigt hatten, fuhren sie davon und kamen nie wieder.

Etwas später am gleichen Tag schaute ein guter Bekannter herein, der John nur besuchen wollte. Er erwähnte, daß er schon früher da gewesen sei, habe sich jedoch nicht getraut hineinzugehen. John fragte ihn, warum nicht.

„Nun, ich sah, daß du soviel Kundschaft hattest, und wollte dich nicht stören", antwortete er.

Und, doch war den ganzen Tag niemand im Laden gewesen außer John selbst!

Während John heute als Pilot seine große Boeing 727 durch den gestirnten Himmel lenkt, ist er sich einer höheren

106

Herrlichkeit bewußt, die ihn umgibt. Er erinnert sich an das große Vorrecht der Kinder Gottes, ihren Vater in Zeiten der Gefahr um seinen Schutz bitten zu dürfen.

Paul war ein erfolgreicher Rechtsanwalt in Südindien. Eines Tages teilte ihm ein Klient die gute Nachricht von der Liebe Gottes und die Botschaft des Heils mit. Gerade dort in seinem Büro neigte Paul sein Haupt und übereignete sein Leben dem Herrn Jesus Christus. Einige Jahre danach spürte er, daß Gott ihn zum Missionar berufen hatte. Er zog mit seiner Familie in eine Gegend in Nordindien. Die ersten Monate in der neuen Umgebung verbrachte er damit, die Menschen hier kennenzulernen; dabei sehnte er sich nach dem Tag, an dem er in der Lage wäre, ein Zelt aufzubauen und tägliche Bibelandachten durchzuführen.

Endlich kam dieser Tag herbei. Mit großer Freude wurde das Zelt errichtet. Zuerst kamen nicht viele Menschen; aber im Laufe der Zeit wurde es der Sammelpunkt für das ganze Dorf. Viele übergaben ihr Leben dem Herrn Jesus Christus und fingen an, für ihn zu leben. Aber andere leisteten Paul Widerstand und entschlossen sich, ihn aus dem Dorf zu vertreiben.

Als Paul eines Abends nach der Versammlung nach Hause ging, wartete diese Gruppe von Gegnern auf ihn. Als er sie erreichte, fingen sie an, ihn zu verprügeln. Sie setzten ihm brutal zu, und sein Nasenbein wurde gebrochen, als er unter Schlägen zu Boden fiel. Aber plötzlich wurde er von einer Gruppe Menschen umgeben, die die anderen daran hinderten, ihn weiter zu schlagen. Zu Pauls Erstaunen liefen seine Peiniger fort. Aber als er sich an die Menschen wenden wollte, die ihn beschützt hatten, war niemand mehr da.

Paul hatte nie wieder solche Schwierigkeiten, und Gott

konnte in den darauffolgenden Jahren seinen Dienst segnen. Er ist überzeugt, daß die kleine Gruppe von Menschen, die ihn an jenem Abend umgab, in Wirklichkeit eine Schar himmlischer Engel war, die Gott zu seinem Schutz ausgesandt hatte.

Al wurde vor vielen Jahren in Rußland geboren. In dem kleinen Dorf, wo er zusammen mit seiner Familie und den meisten seiner Verwandten lebte, fühlte er sich geborgen und geliebt. Er verbrachte eine recht fröhliche Kindheit, bis er eines Tages merkte, daß seine Eltern traurig und angstvoll aussahen. Er hatte schon früher die Atmosphäre der Unterdrückung bei sich zu Hause und auch im ganzen Dorf wahrgenommen; aber als er sah, wie seine Mutter einige Habseligkeiten in ein großes Tuch legte und die vier Ecken zusammenknotete und als er die Worte ,,fliehen'' und ,,entkommen'' hörte, spürte er, daß ihm Unheilvolles bevorstand. Eines Abends war es soweit. Sein Vater setzte sich zusammen mit ihm hin und erklärte, es sei für die Familie sowie für etwa 100 andere Menschen aus dem Dorf notwendig, Rußland zu verlassen. Al war noch zu jung, um verstehen zu können, warum.

Am nächsten Morgen, schon lange vor Sonnenaufgang, verließen sie früh ihr Haus und das kleine Dorf mit seinen vielen glücklichen Erinnerungen. Wenige Tage später entdeckte die russische Armee, daß sie geflohen waren, und Soldaten wurden mit Hunden ausgesandt, um die kleine Menschengruppe zu suchen. Als der Vater aus der Ferne sah, daß die Soldaten näher kamen, befahl er der ganzen Gruppe, sich der Länge nach im tiefen Straßengraben niederzulegen. Wie erstaunt waren die verängstigten Flüchtlinge, als sie hörten, wie die Soldaten mit ihren kläffenden Hunden die Stelle passierten, ohne sie zu bemerken. Als die Eltern und einige andere aber aufschauten, sahen sie, wie es kam: Zwischen ihnen und den Soldaten stand eine Schar Engel. Danach konnte die ganze Gruppe in Sicherheit gelangen.

Heute ist Al Leiter einer Missionsgesellschaft, die in den Ostblockländern einen wichtigen Dienst tut. Er sieht sich bei seiner Arbeit vielen Gefahren gegenüber, doch hat er einen mutigen Glauben, der aus der Erkenntnis gewachsen ist: In diesem Leben kommen oft die Engel den Kindern Gottes zu Hilfe.

Nach dem Sabbat kamen in der Morgendämmerung des ersten Tages der Woche Maria aus Magdala und die andere Maria, um nach dem Grab zu sehen. Plötzlich entstand ein gewaltiges Erdbeben; denn ein Engel des Herrn kam vom Himmel herab, trat an das Grab, wälzte den Stein weg und setzte sich darauf. Seine Gestalt leuchtete wie ein Blitz, und sein Gewand war weiß wie Schnee. Die Wächter begannen vor Angst zu zittern und fielen wie tot zu Boden. Der Engel aber sagte zu den Frauen: Fürchtet euch nicht! Ich weiß, ihr sucht Jesus, den Gekreuzigten. Er ist nicht hier; denn er ist auferstanden, wie er gesagt hat. Kommt her und seht euch die Stelle an, wo er lag.

Matthäus 28, 1—6

Viele Menschen teilten mir Geschichten mit, in denen ein Engel zum Zeitpunkt des Todes eines anderen Menschen erschien. Wenn wir von solchen Erlebnissen lesen, werden wir daran erinnert, daß wir Christen nicht allein durch das Tal des Todesschattens wandern müssen. Gott sendet seine Engel aus, damit sie uns in seine Gegenwart hinein begleiten.

Bills Vater stand kurz vor dem Tod. Er war schon weit über 80, aber Bill wußte, wie schmerzlich ihn der Verlust seines Vaters berühren würde. An einem Abend ganz spät wurde Bill ins kleine Gemeinschaftskrankenhaus gerufen, um die letzten Augenblicke des Lebens seines Vaters an dessen Bett zu verbringen. Als er auf das zärtliche, von Falten gezeichnete Gesicht seines Vaters hinunterschaute, schämte er sich seiner Tränen nicht. Er erinnerte sich an die Zeit, als sein Vater noch ein lebhafter, energischer Arzt gewesen war, der für jeden ein gutes Wort hatte. Plötzlich schlug sein Vater die Augen auf und sagte mit der gleichen fest entschlossenen, deutlichen Stimme von früher: ,,Bill, ich höre den schönsten Engelchor singen! Sag, hörst du ihn auch?'' Und dann sah Bill den silbernen Umriß eines Engels, der zwischen ihm und seinem Vater am Bett stand. Dieses erstaunliche, schöne Wesen erfüllte das Zimmer mit einem Gefühl des Friedens und der Liebe, wie er noch nie erlebt hatte. Bill schaute noch einmal auf das Gesicht seines Vaters und merkte, daß es die gleiche Ausstrahlung angenommen hatte wie das des Engels, der an seinem Bett stand. Einige Augenblicke später wurde sein Vater heimgeholt, um beim Herrn zu sein.

Dort in der Stille des Zimmers saß Bill noch lange Zeit. Der Friede und die Liebe, die den Engel begleitet hatten, blieben so lange für ihn spürbar, wie er sich im Zimmer aufhielt. Und obwohl das Gefühl im Laufe der Jahre zurückgegangen ist, weiß Bill, daß die Zeit diesen goldenen Blick, den er in die Ewigkeit tun durfte, nie aus seinem Gedächtnis löschen kann.

Nach mehreren Monaten ausgedehnten Leidens lag jetzt Marthas Mutter auf dem Sterbebett. Als Martha sich eines Tages neben sie setzte, verbrachten sie eine schöne Zeit beieinander, indem sie sich längst vergangene, glückliche Erlebnisse austauschten. Plötzlich richtete sich die Mutter im Bett auf und sagte mit von Freude bewegter Stimme: ,,Ich sehe meinen Vater und meine Mutter!" Sie hielt einen Augenblick inne, dann fügte sie mit einem unvergleichlich schönen Lächeln hinzu: ,,Und ich sehe Jesus! Er zeigt, daß ich ihnen entgegenkommen soll — und, oh, Martha, ich sehe die herrlichsten Engel!"

Mit einem strahlenden Blick, den Martha sonst bei ihrer Mutter nie gesehen hatte, sank sie auf das Kopfkissen zurück und starb.

Im Zimmer wurde es still. Es war von Frieden durchflutet. Ein warmer Strahl des Trostes erfüllte an jenem Tag wie ein goldener Sonnenstrahl Marthas Herz und ist seitdem stets bei ihr geblieben.

Als Krankenschwester hatte Joy schon viele Patienten sterben sehen. Das fiel ihr aber stets schwer, und in einem Fall wußte sie, daß sie der Tod ganz besonders schmerzlich berühren würde. In diesem Fall war ihre Patientin eine 35jährige Mutter. Joy war bei ihr im Zimmer, als sie starb. Ihre beiden Kinder im Alter von sechs und neun Jahren standen mit furchtsamen, weit geöffneten Augen am Bett ihrer Mutter. Aber diese wunderbare, gläubige Frau ließ ihren Kindern ein Erbe der Freude und der Hoffnung zurück, das sie ewig begleiten wird.

Einige Augenblicke vor ihrem Tod beschrieb sie noch den Kindern die Engel, die gekommen waren, um sie in die Gegenwart des Königs zu führen. Joy dachte in jenem Augenblick, sie hätte keine geeignetere Weise finden können, um den Kindern zu helfen, mit dem Tod fertig zu werden. Die Mutter beschrieb, wie gesund aussehende fröhliche Engel sie an der Hand hielten und erzählten, wie froh Gott sei, daß sie jetzt nach Hause komme.

„Die Engel sagen mir, daß es dort eine besondere Wohnung für mich gibt. Dort muß man den Fußboden nie bohnern; wenn ihr dann eines Tages zu mir kommt, werde ich nie schimpfen, wenn ihr mit Limonade kleckert. Und dort gibt es einen Chor, in dem ich mitsingen darf — ich bekomme sogar einen Platz in der ersten Reihe! Und die Engel sagen mir, Jesus warte an der Haupttür — gerade auf mich! Ich habe die Engel auch versprechen lassen, über euch beide zu wachen und euch zu Jesus zu führen. Ach, diese Engel sind so nett und so *glücklich!*" sagte sie weiter.

Mit diesen Worten ging sie heim, um bei ihrem Herrn zu sein.

Die nächsten beiden Geschichten sind fast identisch. Doch habe ich aus aller Welt ähnliche Berichte gehört. Eine Begebenheit wurde neulich in Chicago in der CBS-Tagesschau bekanntgegeben. Die Menschen, die mir diese Geschichten erzählten, waren fast alle solche, die ich gut kenne und sehr schätze.

Ich glaube, daß es in der Geschichte Zeiten gibt, wenn Gott seine Boten aussendet, um das Herannahen einer neuen Ära oder eines historischen Ereignisses anzukündigen. Das geschah, als die Engel die Geburt Jesu, seine Auferstehung und seine Himmelfahrt anzeigten. Es könnte doch sein, daß wir kurz vor dem Geschichtsabschnitt stehen, in dem der Herr Jesus Christus wiederkommt. Es ist möglich, daß er seine Boten zu verschiedenen Menschen in aller Welt hinaussendet, um uns wachsam werden zu lassen.

Diese Geschichte hörte ich zum ersten Mal vor 14 Jahren, als mein Mann und ich als Missionare in Brasilien lebten. Sie wurde uns von einem der anerkanntesten brasilianischen Prediger erzählt, den zu kennen wir das Vorrecht haben.

Pastor Ricado fuhr auf einer staubigen, brasilianischen Landstraße in seinem Auto und wollte ein krankes Gemeindeglied besuchen. Er mußte 24 Kilometer weit durch die Mato fahren, eine ziemlich öde, unfruchtbare Gegend. Auf einmal sah er einen jungen Anhalter neben der Straße stehen und hielt an, um ihn mitzunehmen. Während sie dann weiterfuhren, fing Pastor Ricado an, dem jungen Mann von der Liebe Jesu zu erzählen.

„Ich glaube, daß Jesus bald wiederkommt", sagte Pastor Ricado im Verlauf des Gesprächs.

„Das könnte eher geschehen, als Sie meinen", antwortete der junge Mann leise, was Pastor Ricado sehr überraschte.

Als aber Pastor Ricado sich ein wenig umdrehte, um sich den jungen Mann näher anzuschauen, war er einfach nicht mehr da. Er hielt an und suchte mit seinem Blick die einsame Straße ab, doch konnte er nirgends jemanden erkennen.

Ein Theologieprofessor und seine Frau machten im letzten Sommer zusammen mit einem anderen Ehepaar eine Tour durch die schöne Landschaft des Nordwestens der USA. Plötzlich sahen sie eine Frau neben der Straße stehen, die so aussah, als könnte sie ihre Hilfe gebrauchen, und sie hielten an, um sie mitzunehmen. Die Frau kam ihnen außerordentlich gebildet vor und strahlte einen Frieden und eine gewisse Autorität aus. Sie unterhielten sich miteinander über den Ausbruch des Vulkans Mount St. Helens und über die vielen anderen Naturphänomene, die in letzter Zeit in aller Welt vorgekommen sind.

„Es sieht so aus, als könnte alles in der Wiederkunft des Herrn Jesus gipfeln", meinte der Professor.

„Das könnte eher geschehen, als Sie denken", erwiderte die Frau — und war dann mit einem Mal verschwunden. Die vier Freunde waren so schockiert, daß sie kaum noch ihren eigenen fünf Sinnen trauten. Sie hielten an und suchten mit ihrem Blick die ganze Straße ab, aber von der Frau war überhaupt nichts mehr zu sehen.

Als sie in der nächsten Stadt ankamen, entschlossen sie sich, die Begebenheit der örtlichen Polizei zu melden. Der diensthabende Polizeibeamte, der recht unfreundlich aussah, arbeitete gerade an seinem Schreibtisch an einigen Formularen, als der Professor auf ihn zuging.

„Ich möchte Ihnen etwas Eigenartiges berichten", begann er. „Sie werden mir sicherlich nicht glauben. Als wir eben auf der Hauptstraße fuhren, hielten wir an, um eine Frau mitzunehmen, die so aussah, als brauchte sie unsere Hilfe." Er erzählte dann dem Beamten alles, was vorgefallen war. Als er mit seinem Bericht fertig war, schaute der Beamte auf und sagte:

„Nun möchte ich Ihnen aber etwas Eigenartiges erzählen. Sie sind schon der siebte Autofahrer, der mir innerhalb der letzten 24 Stunden die gleiche Geschichte erzählt hat."

Mich überraschte, daß so viele Menschen mir davon zu berichten wußten, daß sie einen Engelchor gesehen oder gehört hatten. Ich mußte an Lukas 2 denken, wo es heißt, daß die Hirten auf Bethlehems Fluren die Engel sahen.

„In der Gegend dort hielten sich Hirten auf. Sie waren in der Nacht auf dem Feld und bewachten ihre Herde. Da kam ein Engel des Herrn zu ihnen und die Herrlichkeit des Herrn umstrahlte sie. Sie fürchteten sich sehr; aber der Engel sagte: »Habt keine

Angst! Ich bringe euch eine gute Nachricht, über die sich ganz Israel freuen wird. Heute wurde in der Stadt Davids euer Retter geboren — Christus, der Herr!« ...Plötzlich stand neben dem Engel eine große Schar anderer Engel, die priesen Gott und riefen: »Alle Ehre gehört Gott im Himmel! Sein Frieden kommt auf die Erde zu den Menschen, weil er sie liebt!«" (Lukas 2, 9—14 nach der „Bibel in heutigem Deutsch").
In dieser meiner letzten Geschichte wird berichtet, wie die Engel sangen.

David war Pastor einer verhältnismäßig neuen Kirche in Hawaii. Als er eines Tages seine Predigt für den kommenden Sonntag vorbereitete, verspürte er den inneren Drang, die anderen beiden Pastoren zu rufen, die dort dienten, und mit ihnen zusammen in den Gottesdienstraum zu gehen, um zu beten. Er machte sich nämlich große Sorgen darüber, daß die Gemeinde nicht so wuchs, wie sie es hätte tun sollen. Es gab schließlich so viele Menschen in dieser Gegend, die für ihr Leben dringend die Hilfe des einzigen Erlösers brauchten!

Vorne im Gottesdienstraum knieten sich die drei Pastoren hin und fingen an, für die Menschen auf jener schönen, paradiesischen Insel zu beten. Gott hatte ihnen schon eine Botschaft der Liebe, der Vergebung und der Hoffnung aufs Herz gelegt, doch fehlte noch etwas. Aus tiefstem Herzen schrien sie zu Gott um seinen Beistand. Als sie schon die zweite Stunde zu beten anfingen, wurde die Kirche plötzlich vom Klang wunderschöner Musik erfüllt, die sich beinahe wie Wellen anhörte, wenn sie sanft an den Strand rauschen. David drehte sich um, um nach der Ursache dieser Musik zu schauen, und sah zu seinem Erstaunen, daß der Gottesdienstraum von einem herrlich glänzenden Engelchor besetzt war! Er dachte, er leide unter Halluzinationen, und ließ die anderen ebenfalls aufhören zu beten. Er fragte, ob auch sie die Musik hörten. Als sie sich aber umdrehten, sahen sie wie David die herrliche Pracht des Engelchors. Während dann die Musik immer lauter wurde, fielen die drei Pastoren zusammen auf ihr Angesicht. Es entwickelte sich ein triumphierendes Lied der Freude und des Lobpreises, das durch die Kirche hallte und in Herz und Seele der drei Pastoren eindrang. Als die Engel ihren König priesen, bekamen die Pastoren eine heiße Sehnsucht, sich ihnen anzuschließen. Aber dann verklang die Musik und hinterließ nur die Erinnerung an die himmlischen Klänge.

Sie blieben, vor Ehrfurcht zitternd, weiter auf den Knien und wurden mit einer überwältigenden Herrlichkeit und dem Geist der Anbetung erfüllt. In jenem Augenblick erkannte David, daß er das übernatürliche Wirken Gottes bisher aus seiner Verkündigung ausgeklammert hatte.

Eine große Stille erfüllte das Herz der drei Pastoren; ein Gefühl tiefen Friedens und Staunens brach über sie herein wie Wellen an einem weit entfernten Strand. Sie verließen den Gottesdienstraum mit einer lebendigen Botschaft von der Kraft und Herrlichkeit Gottes.

Noch viele andere Zeichen, die in diesem Buch nicht aufgeschrieben sind, hat Jesus vor den Augen seiner Jünger getan. Diese aber sind aufgeschrieben, damit ihr glaubt, daß Jesus der Messias ist, der Sohn Gottes, und damit ihr durch den Glauben das Leben habt in seinem Namen.

Johannes 20, 30—31

Vierter Teil

GOTTES RUF —
UNSERE ANTWORT

Gottes Ruf —
unsere Antwort

GOTTES RUF

Gott ruft uns, seine Boten zu sein. Wir sind die Engel „mit Haut", wie der kleine Junge es so schön sagte. Gott sendet uns jeden Tag hinaus, damit wir leibliche Engel der Barmherzigkeit sein können für die Menschen um uns herum, die unserer Hilfe bedürfen.

Das zeigt die folgende Geschichte.

Katharina hatte Krebs und war bettlägerig. Ich beobachtete, wie jeden Tag eine kleine Schar „menschlicher Engel" zu ihr ging, um ihr zu dienen. Sie badeten sie, verbanden ihre offene Wunde, fütterten sie, lasen ihr aus der Bibel vor, beteten mit ihr und saßen einfach still neben ihr. Sie putzten ihr Haus, kochten das Essen und machten die Wäsche. Sie brachten ihr und ihrem Mann Paul Trost, Frieden und Freude. Diesen Liebesdienst setzten sie tagein, tagaus fort, mehr als neun Monate lang. Mich überraschte es überhaupt nicht, als ich hörte, wie Katharina kurz vor ihrem Tod eine Schar Engel danebenstehen sah, bereit, sie in die Gegenwart ihres Herrn und Heilandes zu begleiten. Neun Monate lang war sie von Gottes treuen, menschlichen „Engeln" umgeben worden, und der Übergang vom einen Reich ins andere ist wirklich nicht so gewaltig.

Gott ruft jeden einzelnen von uns auf, seine Liebe einer verlorenen, leidenden Welt weiterzugeben. Wir sollen den Hoffnungslosen Hoffnung und denen, die zerbrochene Herzen haben, Heilung bringen. Das fängt da an, wo wir sind, bei den Menschen, mit denen wir zusammen leben: unserem Ehemann, unserer Ehefrau, unseren Kindern, Eltern, Nachbarn. Gott ruft uns auf, in die Welt hinauszugehen und jedem, dem wir begegnen, seine Liebe vorzuleben. Wie gehen wir heute auf seinen Ruf ein?

Wenn ich an die menschlichen „Engel" denke, werde ich oft an meine Freundin Frieda Bowker erinnert. Ihr ganzes Leben ist von Freude und Schönheit geprägt. Sie stammt aus der Schweiz, und obwohl sie jetzt in Seattle lebt, hat sie es geschaft, die schweizerische Liebe zu den Blumen in ihrem eigenen Heim zu bewahren. Wer ihre Auffahrt hinauffährt, erhält sofort den Eindruck, er sei in einen Zaubergarten eingetreten. Die Blumen erfüllen die Luft mit ihrem zarten Duft. Es gibt dort ein Beet nach dem anderen voller Ringelblumen, Osterglocken und Vergißmeinnicht. In majestätischer Pracht erheben sich vielfarbige Rosen, so daß das Ganze wie ein Regenbogen aussieht. Die Schönheit des Gartens spiegelt sich auch in Friedas Blumengemälden wider. Diese tragen ein Stück Sonnenschein in jedes Haus, wo sie aufgehängt werden. Auch sie sind ein Zeichen der Liebe Gottes, die in Friedas Herz Einzug gehalten hat. Sie hat viele schöpferische Möglichkeiten entdeckt, diese seine Liebe weiterzugeben. Sie besucht wöchentlich einmal die Kranken und bringt ihnen einen selbstgepflückten Blumenstrauß mit, den sie mit einem schönen Band zusammenbindet. Wenn sie auf ihre stille, zurückhaltende Weise das Krankenzimmer betrit, lacht sie strahlend und überreicht dem Patienten die Blumen. Sie bleibt dann nicht lange, eigentlich nur lange genug, um die Liebesgabe zu überbringen. Es gibt auch Zeiten, in denen Frieda traurig, beleidigt oder enttäuscht ist. Wie wir alle ist sie nur ein irdenes Gefäß, das die unvergleichliche Gabe der Liebe Gottes enthält. Und trotzdem hat sie Wege gefunden, auf den Ruf Gottes einzugehen und in einer öden Welt zu seiner Botin zu werden.

UNSERE ANTWORT

Wir müssen stets bedenken, daß ein immenser Unterschied besteht zwischen den himmlischen Engeln Gottes und uns. Gott schuf uns nicht als Engel. Er schuf uns vielmehr dazu, eine Beziehung zu ihm zu genießen — eine Beziehung so innig und so persönlich, daß wir Gottes geliebte Kinder heißen dürfen. „Allen aber, die ihn aufnahmen, gab er Macht, Gottes Kinder zu werden, allen, die an seinen Namen glauben" (Johannes 1, 12). Wir sind nicht nur Gottes Kinder, es steht uns auch zu, diesen großen, allmächtigen Gott, Schöpfer und Erlöser unseren Vater zu nennen! Als Jesus seine Jünger das Beten lehrte, wies er sie an, mit den Worten zu beginnen: „Unser Vater im Himmel." Fügen wir dieser gewaltigen Wahrheit die erstaunliche Tatsache hinzu, daß wir als Erben Gottes und Miterben Christi berufen sind, dann fangen wir an, wenn auch nur in geringstem Maße, Einblick in die heilige Stellung zu erlangen, die wir nach dem Willen Gottes haben dürfen.

„So bezeugt der Geist selber unserem Geist, daß wir Kinder Gottes sind. Sind wir aber Kinder, dann auch Erben; wir sind Erben Gottes und sind Miterben Christi, wenn wir mit ihm leiden, um mit ihm auch verherrlicht zu werden" (Römer 8, 16—17).

Nein, wir sind nicht Gottes himmlische Engel; wir sind vielmehr Gottes Kinder und Erben. Wir kommen als seine Kinder zu ihm und seufzen aus tiefstem Herzen: „Vater, mein Vater." „Ihr seid in den engsten Familienkreis Gottes aufgenommen worden, und darum ruft ihr aus tiefstem Herzen: »Abba, Vater«" (Römer 8, 15b nach J. B. Phillips).

Als ich vor einigen Jahren zusammen mit meinem Mann Israel besuchte, freundeten wir uns mit unserem Fremdenführer, der Baruch hieß, an. Harry und er verbrachten viele Stunden miteinander. Bald hatten sie große Achtung voreinander. An einem bestimmten Nachmittag lud uns Baruch zu sich nach Hause zum Kaffee ein. Wir fühlten uns sehr geehrt, in dieser Weise in ein israelisches Heim aufgenommen zu werden. Baruchs schöne Frau hatte viele Leckerbissen für uns gebacken, und wir verbrachten eine herrliche Zeit miteinander. Plötzlich platzte die achtjährige Tochter ins Zimmer herein. Sie hatte ihren Vater schon seit mehreren Tagen nicht mehr gesehen und freute sich jetzt über die Maßen, ihn wieder da zu haben. Während sie durch den Raum und in seine wartenden Arme lief, rief sie immer wieder: ,,Abba! Abba! Abba!'' Harry und ich lächelten, als wir dieses freudige Wiedersehen miterlebten. Wir waren ganz freudig überrascht, weil wir noch nie gehört hatten, wie jemand zu seinem Vater ,,Abba'' sagte. Wir wußten nur, daß dieser Name in der Bibel stand. Später fragte Harry Baruch, was ,,Abba'' eigentlich bedeutet. ,,Abba ist der zärtlichste Name, mit dem ein Kind seinen Vater anreden kann'', erklärte uns Baruch. ,,Vielleicht entspricht er eurem Wort »Papa« oder »Vati«.''

Der Bibelvers, den wir schon so lange auswendig kannten, erhielt für uns an jenem Tag eine neue Bedeutung. Wir haben tatsächlich das Recht, als Gottes Kinder ,,Papa'' oder ,,Vati'' zu ihm zu sagen. Es wird niemals eine großartigere Wahrheit geben! ,,Seht, wie groß die Liebe ist, die der Vater uns geschenkt hat: Wir heißen Kinder Gottes, und wir sind es'' (1. Johannes 3, 1).

Nein, wir sind keine Engel. Wir dürfen vielleicht etwas von ihrer Arbeit als Boten Gottes verrichten, doch können wir niemals zu Engeln werden — weil wir Gottes geliebte *Kinder* sind!

In der hebräischen Sprache gibt es kein Wort für ,,Danke''. Wenn jemand einem anderen Menschen einen Gefallen tut, drückt der andere seine Dankbarkeit mit einem

Wort aus, das soviel bedeutet wie: „Ich werde deinen Namen in Ehren halten. Ich werde deinen Namen bekannt machen." Auf diese Weise sollten wir aber auch Gott danken für alles, was er für uns getan hat. „Herr, ich will deinen Namen ehren durch meine Lebensweise, durch mein Verhalten zu Hause, bei der Arbeit, in der Schule, im Krankenhaus, im Gefängnis oder beim Sport."

Das ist unsere Antwort auf den Ruf Gottes, seine Kinder zu werden. Und das können die Engel im Himmel nie völlig begreifen, denn sie können niemals die Freude kennenlernen, die daraus resultiert, daß man durch den Herrn Jesus erlöst ist.

„Ihr wißt: Schon die Propheten haben angekündigt, welche Herrlichkeit euch durch Gottes Güte geschenkt werden soll. Der Geist Christi war schon in ihnen wirksam und zeigte ihnen im voraus die Leiden, die Christus erdulden mußte, und die Herrlichkeit, die ihm daraufhin zuteil wurde. Sie haben eifrig gesucht und geforscht, um herauszufinden, wann und wie dies alles eintreffen würde. Gott aber ließ sie erkennen, daß sie ihre Offenbarungen nicht für sich selbst empfangen hatten, sondern für euch. Und euch ist dies alles jetzt verkündet worden durch die Boten der Guten Nachricht, die von Gott dafür mit dem heiligen Geist ausgerüstet worden sind. Sogar die Engel brennen darauf, etwas von diesem Geheimnis zu erfahren" (1. Petrus 1, 10—12 nach der „Bibel im heutigen Deutsch").

Es ist Freude bei den Engeln Gottes über einen Sünder, der Buße tut.

Lukas 15, 10

Fünfter Teil

VERZEICHNIS DER BIBELSTELLEN, IN DENEN ENGEL VORKOMMEN

Verzeichnis der Bibelstellen, in denen Engel vorkommen